Eriko Sato

Sprachführer Japanisch für Dummies

Das Pocketbuch

Übersetzung aus dem Amerikanischen von Andreas Mrugalla

WILEY-VCH Verlag GmbH & Co. KGaA

Bibliografische Information der Deutschen Nationalbibliothek
Die Deutsche Nationalbibliothek verzeichnet diese Publikation in der
Deutschen Nationalbibliografie; detaillierte bibliografische Daten sind im
Internet über http://dnb.d-nb.de abrufbar.

1. Auflage 2013

© 2013 WILEY-VCH Verlag GmbH & Co. KGaA, Weinheim

Original English language edition Japanese Phrases for Dummies © 2004
by Wiley Publishing, Inc. All rights reserved including the right of reproduction in whole or in part in any form. This translation published by
arrangement with John Wiley and Sons, Inc.

Copyright der englischsprachigen Originalausgabe Japanese Phrases
for Dummies © 2004 by Wiley Publishing, Inc. Alle Rechte vorbehalten
inklusive des Rechtes auf Reproduktion im Ganzen oder in Teilen und in
jeglicher Form. Diese Übersetzung wird mit Genehmigung von John Wiley
and Sons, Inc. publiziert.

Wiley, the Wiley logo, Für Dummies, the Dummies Man logo, and related
trademarks and trade dress are trademarks or registered trademarks of
John Wiley & Sons, Inc. and/or its affiliates, in the United States and other
countries. Used by permission.

Wiley, die Bezeichnung »Für Dummies«, das Dummies-Mann-Logo und
darauf bezogene Gestaltungen sind Marken oder eingetragene Marken von
John Wiley & Sons, Inc., USA, Deutschland und in anderen Ländern.

Das vorliegende Werk wurde sorgfältig erarbeitet. Dennoch übernehmen
Autorin und Verlag für die Richtigkeit von Angaben, Hinweisen und
Ratschlägen sowie eventuelle Druckfehler keine Haftung.

Korrektur: Frauke Wilkens, München
Satz: inmedialo, Plankstadt
Druck und Bindung: CPI, Ebner & Spiegel GmbH, Ulm

ISBN: 978-3-527-70846-8

Über die Autorin

Eriko Sato unterrichtet im Hochschulverbund der State University of New York Japanisch und Didaktik des japanischen Fremdsprachenunterrichts an der Stony Brook University, an der sie 1996 im Fach Linguistik promovierte. Durch ihre komparativ angelegten Studien, die neben Japanisch und Englisch auch Chinesisch, Französisch und Koreanisch umfassen, legt sie großen Wert auf die Einbeziehung der vielschichtigen muttersprachlichen Perspektiven, aus denen die Lernenden sich der japanischen Sprache annähern. Neben der Koordination der universitären Lehrerausbildung im Rahmen des *Japanese Language Teacher Education Program* liegt ihr besonders eine frühzeitige Beschäftigung mit der japanischen Sprache am Herzen, sodass sie ein *Pre-College Japanese Program* gegründet hat, das seit 2004 am Japan Center von Stony Brook besteht. Ihre neuesten Veröffentlichungen bieten Lernhilfen zur japanischen Schrift ebenso wie Einführungen in die Grammatik und Struktur der japanischen Sprache. Eriko Sato hat auch den Band *Japanisch für Dummies* geschrieben.

Japanisch für Dummies – Schummelseite

Höflich sein

Chotto sumimasen. *(tchot-to su-mi-ma-sen*; Entschuldigen Sie bitte.)

Dōmo arigatō gozaimasu. *(doh-mo a-ri-ga-toh go-zei-ma-su*; Vielen Dank.)

Dōmo sumimasen. *(doh-mo su-mi-ma-sen*; Es tut mir leid.)

Dōzo yoroshiku. *(doh-zo yo-ro-shku*; Freut mich, Sie kennenzulernen. / Vielen Dank im Voraus.)

Ii desu ka. *(ih de-su ka*; Ist das in Ordnung? Darf ich?)

Sich kennenlernen und Grußformen

Hajimemashite. *(ha-dschi-me-ma-shte*; Guten Tag/Hallo! [nur wenn man sich kennenlernt])

Watashi no namae wa Eriko desu. *(wa-ta-shi no na-mae wa e-ri-ko de-su*; Mein Name ist Eriko.)

Dōzo yoroshiku. *(doh-zo yo-ro-shku*; Freut mich, Sie kennenzulernen.)

O-namae wa. *(o-na-mae wa*; Wie ist Ihr Name, bitte?)

Ohayō gozaimasu. *(o-ha-yoh go-zei-ma-su*; Guten Morgen.)

Konnichi wa. *(kon-ni-tchi wa*; Guten Tag / Hallo!)

Komban wa. *(kom-ban wa*; Guten Abend.)

O-yasumi nasai. *(o-ya-su-mi na-sei*; Gute Nacht.)

Jā, mata. *(dschah, ma-ta*; Bis dann!)

Japanisch für Dummies – Schummelseite

Nützliche Fragen

Dare desu ka. *(da-re de-su ka*; Wer?)

Dō desu ka. *(doh de-su ka*; Wie ist es?)

Doko desu ka. *(do-ko de-su ka*; Wo?)

Dore desu ka. *(do-re de-su ka*; Welches?)

Dōshimashita ka. *(doh-shi-ma-shta ka*; Was ist passiert?)

Dōshite desu ka. *(doh-shte de-su ka*; Warum?)

Ikura desu ka. *(i-ku-ra de-su ka*; Wie viel kostet das?)

Itsu desu ka. *(i-tsu de-su ka*; Wann?)

Nan desu ka. *(nan de-su ka*; Was ist das?)

Nanji desu ka. *(nan-dschi de-su ka*; Um wie viel Uhr?)

Verbformen

✔ Gegenwart und Zukunft werden durch dieselbe Verbform ausgedrückt, so kann **taberu** *(ta-be-ru)* sowohl »ich esse« als auch »ich werde essen« heißen.

✔ Verben konjugieren weder nach Person noch nach Anzahl, so kann **taberu** »ich esse, du isst, er isst, sie isst, wir essen, ihr esst« oder »sie essen« heißen.

✔ Die Stammform des Verbs bildet den Ausgangspunkt für den Wechsel zum höflich-neutralen Sprachstil.

✔ Die te-Form des Verbs verbindet mehrere Verben miteinander oder dient zum Anhängen verschiedener Verbalsuffixe.

Inhaltsverzeichnis

Über die Autorin — 5

Einführung — 11
- Über dieses Buch — 11
- Konventionen in diesem Buch — 12
- Törichte Annahmen über den Leser — 14
- Symbole, die in diesem Buch verwendet werden — 14
- Wie es weitergeht — 15

Kapitel 1
Sie können schon ein bisschen Japanisch — 17
- Grundlagen des japanischen Lautsystems — 17
- Sich wie ein Muttersprachler anhören — 23
- Sie kennen sich schon ein bisschen im Japanischen aus — 25
- Erste Ausdrücke und Redewendungen — 28

Kapitel 2
Grammatik auf Sparflamme: Die wichtigsten Grundlagen — 31
- Den passenden Sprachstil wählen — 31
- Sätze bilden — 33
- Überflüssige Wörter wegfallen lassen — 38
- Pronomen einsetzen — 39
- Verben einbauen — 43
- Die Besonderheiten von »desu« — 53
- Zwei verschiedene Gruppen von Adjektiven — 55

Kapitel 3
Mit japanischen Zahlen jonglieren — 61
- Die japanischen Zahlen — 61
- Zählen mit Zählwörtern — 67
- Japan im Wandel der Jahreszeiten — 77
- Die Wochentage — 78
- Die Uhrzeit — 79
- Relative Zeitangaben — 82
- Rund ums Geld — 83

Kapitel 4
Ins Gespräch kommen: Small Talk — 87
Grüßen und sich miteinander bekannt machen — 87
Dank und Bedauern ausdrücken — 95
Keine Angst vor Small Talk — 97

Kapitel 5
Das leibliche Wohl — 109
Sich auf Frühstück und Mittagessen freuen — 109
Abends essen gehen — 113
Etwas mögen: Im Japanischen mit Adjektiv — 123
Die Tischmanieren kennen — 125

Kapitel 6
Im Einkaufsparadies Japan — 127
Nach einem bestimmten Artikel fragen — 127
Produkte miteinander vergleichen — 129
Kleidung kaufen — 135
Im Kaufhaus — 141
Preise vergleichen und Rabatte bekommen — 142
An der Kasse — 143
Lebensmittel einkaufen — 144

Kapitel 7
Freizeit und Erholung — 147
Das unregelmäßige Verb »suru« — 147
Was die Stadt zu bieten hat — 149
Sich über seine Hobbys unterhalten — 155
Hinaus in die Natur — 155
Sportlich aktiv sein — 156
Potentialis: »Etwas tun können« — 158
Handwerkliches und künstlerisches Gestalten — 160
Rund ums Einladen — 162

Kapitel 8
Beruflicher Alltag und Telefongespräche — 167
- Sich über die Arbeit unterhalten — 167
- Das Büro einrichten — 168
- Sich an neue Herausforderungen wagen — 170
- Telefonieren — 173

Kapitel 9
Auf Reisen — 185
- Der Abflug — 185
- In Japan unterwegs: In der Stadt und auf dem Land — 190
- Nach dem Weg fragen — 202

Kapitel 10
Im Hotel übernachten — 215
- Die richtige Unterkunft finden — 215
- Ein Zimmer reservieren — 216
- Ins Hotel einchecken — 222
- Aus dem Hotel auschecken — 225

Kapitel 11
Im Notfall — 229
- Um Hilfe rufen — 229
- Die Polizei rufen — 232
- Anwaltlichen Rat einholen — 237
- Medizinische Hilfe benötigen — 239

Kapitel 12
Zehn wichtige Redewendungen — 245

Kapitel 13
Mehr Japanisch geht nicht: So klingen Sie wie ein Japaner — 249

Stichwortverzeichnis — 253

Einführung

In der heutigen Zeit ist die Welt kleiner geworden und selbst Länder wie Japan, die gerne in den Hauch des Exotisch-Unbekannten gehüllt werden, sind nicht mehr als ein paar Flugstunden entfernt. Sich über Japan aktuell zu informieren, stellt dank der verschiedenen Möglichkeiten des Internets auch kein allzu großes Hindernis mehr dar. Vieles hat sich in dieser Hinsicht geändert, aber auch wenn man nun so, als ob es niemals anders gewesen wäre, ins Sushi-Restaurant gehen oder im Supermarkt japanische Speisen und Getränke kaufen kann, eines ist trotz der Kenntnis einiger japanischer Wörter doch gleich geblieben: Japanisch zu sprechen, nicht nur irgendeine Floskel, sondern ein paar Sätze hintereinander, schließlich die Antwort des japanischen Gesprächspartners beziehungsweise der japanischen Gesprächspartnerin sogar zu verstehen, das scheint nach wie vor eine der größten Barrieren zu sein.

Kommen Ihnen nun endlose Wortlisten und langatmige Grammatikerläuterungen in den Sinn? Keine Sorge, der *Sprachführer Japanisch für Dummies* ist anders.

Über dieses Buch

Um diese Sprachbarriere zu überwinden und somit Japan und die japanische Kultur näher kennenzulernen, kann Ihnen der *Sprachführer Japanisch für Dummies* helfen, mit viel Spaß am Spracherwerb nach und nach eine Grundlage der japanischen Sprache aufzubauen, sodass Sie es kaum erwarten können werden, Ihr Japanisch im Alltag anzuwenden, sei es bei Japanern, die Sie in Ihrer Umgebung antreffen, oder sei es in Japan.

Ob Sie japanische Mitschüler, Kommilitonen, Arbeitskollegen oder Nachbarn haben, nach einem freundlichen **ohayō gozaimasu** (o-ha-yoh go-zei-ma-su; Guten Morgen) entwickelt sich ein Gespräch, zu dem Sie auf Japanisch immer mehr aktiv beitragen, je mehr Fortschritte Sie erzielen. Sie finden hier die wichtigsten Wörter und Redewendungen nach unterschiedlichen Alltagssituationen unterteilt und können sich den einzelnen, abgeschlossenen Kapiteln widmen, ohne auf eine bestimmte Reihenfolge angewiesen zu sein – nur die ersten beiden Kapitel mit den Grundlagen von Aussprache und Grammatik sollten Sie stets im Hinterkopf behalten.

Konventionen in diesem Buch

Mit dieser Kurzanleitung sind Sie bestens für den Start in Ihr japanisches Abenteuer gerüstet:

- ✔ Im *Sprachführer* wird die gesamte japanische Schrift mit unserem gewohnten, in Japan als **rōmaji** (roh-ma-dschi; römische Buchstaben) bezeichneten lateinischen Alphabet dargestellt. Zwar finden sich im alltäglichen Schriftgebrauch die japanischen **kana** (ka-na)-Zeichen mit etwa 2000 sino-japanischen Schriftzeichen, den **kanji** (kan-dschi), kombiniert, zur besseren Lesbarkeit für Ausländer werden diese aber beispielsweise auf den Schildern von U-Bahn-Stationen durch **rōmaji** ergänzt.

- ✔ Langvokale sind durch einen Längungsstrich (–) gekennzeichnet.

- ✔ Japanische Ausdrücke im Text sind **fett** gesetzt.

- ✔ Aussprache und Übersetzung folgen in Klammern direkt dahinter.

✔ Die Verben im Japanischen sind stets nach dem Schema Wörterbuchform – Verneinungsform – Stammform – te-Form aufgeführt, wie hier am Beispiel von **taberu** (*ta-be-ru*; essen) zu sehen:

Form	Aussprache
taberu	*ta-be-ru*
tabenai	*ta-be-nei*
tabe	*ta-be*
tabete	*ta-be-te*

✔ Die »Kleiner Wortschatz«-Abschnitte fassen am Ende eines jeden Abschnitts die wichtigsten Begriffe und Redewendungen noch einmal zusammen. Kommen dabei Verben vor, so sind sie entweder als ru- oder als u-Verb markiert, sodass sie gleich zugeordnet werden können.

Dass ein und derselbe Gedanke in verschiedenen Sprachen unterschiedlich ausgedrückt werden kann, wird Sie nicht überraschen, und ebenso wenig, dass Deutsch und Japanisch hier keine Ausnahme bilden. Manchmal können wörtliche Übersetzungen zwar durchaus nützlich sein, weil hier aber im Vordergrund steht, was mit einer Redewendung in einer ganz bestimmten Situation gemeint ist, werden Sie stattdessen grundsätzlich situationsbedingte Übersetzungen finden. So kann es passieren, dass ein Begriff unterschiedliche Entsprechungen im Deutschen erhält. Beispielsweise führt es zu keinem großen Erkenntniswert, **yoroshiku** (*yo-ro-shku*) wörtlich mit »angemessen« zu übersetzen: Ist Ihnen gerade jemand vorgestellt worden und Sie sagen **yoroshiku**, heißt es »Freut mich, Sie kennenzulernen«, nach einer Bitte hingegen »Vielen Dank im Voraus«.

Törichte Annahmen über den Leser

Einige Annahmen über Sie, den Leser dieses Sprachführers, musste ich voraussetzen, um mit dem Schreiben zu beginnen:

- ✔ Mit der japanischen Sprache hatten Sie bisher so gut wie nichts zu tun und kennen höchstens ein paar japanische Wörter wie **karate** oder **sushi**.
- ✔ Japanisch ist Ihnen nicht vollkommen fremd, aber Sie benötigen eine Auffrischung Ihrer Kenntnisse.
- ✔ Sie haben nicht vor, sich im kommenden Monat für die Japanisch-Sprachprüfung **Nihongo nōryoku shiken** (*ni-hon-go noh-ryo-ku shi-ken*) anzumelden, um Ihre Japanischkenntnisse unter Beweis zu stellen. Und eine Karriere als vereidigter Japanischübersetzer planen Sie in nächster Zeit auch nicht. Sie wollen sich einfach nur auf Japanisch unterhalten und sich in Alltagssituationen zurechtfinden können.
- ✔ Sie haben weder Zeit noch Muße, sich durch ellenlange Vokabellisten zu quälen.
- ✔ Japanisch lernen soll auch Spaß machen.

Wenn Sie das unterschreiben würden, sind Sie mit dabei. Worauf warten Sie noch?

Symbole, die in diesem Buch verwendet werden

Manchmal stehen links vom Text verschiedene Symbole, die Sie wie Verkehrszeichen auf eine besondere Situation aufmerksam machen möchten, sei es eine Empfehlung, eine Warnung oder ein Hinweis auf eine kulturelle Besonderheit. Die Symbole im Einzelnen:

Tipps, mit denen sich die eine oder andere Regel leichter merken lässt.

 Erinnerungen, die auf bereits Gelerntes hinweisen oder darauf aufmerksam machen, dass die behandelte Grammatik auch in anderen Situationen wichtig ist.

 Erläuterungen, die sich besonders grammatischen Phänomenen widmen.

 Hinweise, die bestimmte Gegebenheiten der japanischen Kultur behandeln.

Wie es weitergeht

Keine Frage, auch das Lernen der japanischen Sprache beginnt mit solch einfachen Aufgaben wie – wichtig: lautem – Wiederholen, es dabei aber nicht zu belassen, sondern die gelernten Wörter, Redewendungen und Sätze auch aktiv anzuwenden, dabei im Japanischen immer sicherer zu werden, bis Sie schließlich keinerlei Bedenken mehr haben, mit **hai** (*hei*; Ja) zu antworten, wenn Sie gefragt werden: **Nihongo wa hanasemasu ka** (*ni-hon-go wa ha-na-se-ma-su ka*; Können Sie Japanisch sprechen?), das macht den Unterschied aus – ich wünsche Ihnen viel Spaß und ein gutes Gelingen Ihrer Japanisch-Expedition!

Sie können schon ein bisschen Japanisch 1

> **In diesem Kapitel**
> ✔ Sich mit den grundlegenden Vokalen und Konsonanten vertraut machen
> ✔ Bekannte japanische Wörter wiedererkennen
> ✔ Den ein oder anderen Ausdruck optimieren

Wenn Sie sich nach diesem Kapitel sprechen hören, werden Sie sich kaum wiedererkennen, denn das, was Sie sagen, wird wie echtes Japanisch klingen! Und Sie brauchen zunächst nichts weiter zu tun, als bereits vertraute japanische Wörter wie beispielsweise **sushi** mit der richtigen Betonung zu verwenden – **jā, hajimemashō** (*dschah, ha-dschi-me-ma-shoh*; Also, auf geht's!).

Grundlagen des japanischen Lautsystems

Es dürfte Ihnen keinerlei Schwierigkeiten bereiten, die einzelnen japanischen Laute im Hörverständnis zu unterscheiden, geschweige denn sie selbst auszusprechen. Ein klein wenig Übung erfordert das natürlich trotzdem. In den folgenden Abschnitten rüsten Sie sich mit Vokalen, Konsonanten und deren wichtigsten Kombinationen aus.

Die Vokale im Japanischen

Die japanische Sprache besitzt mit **a**, **e**, **i**, **o** und **u** fünf Kurzvokale sowie fünf entsprechende Langvokale, die durch **ā**, **ē** beziehungsweise **ei**, **ī** beziehungsweise **ii**, **ō** und **ū** dargestellt werden. Der Längungsstrich über den Vokalen weist dabei lediglich auf eine längere Aussprache hin, weiter ändert sich in Bezug auf die Kurzvokale nichts, insbesondere erfolgt keine besondere Betonung des Langvokals.

Es macht einen großen Unterschied in der Bedeutung eines Wortes, ob es einen Kurz- oder einen Langvokal enthält: Reden Sie über **obasan** (*o-ba-san*; mit kurzem **a** in der Mitte), meinen Sie Ihre Tante; hört man aus Ihrem Munde aber **obāsan** (*o-bah-san*; mit langem **ā** in der Mitte), fühlt sich Ihre Großmutter angesprochen. Eine falsche Längung führt immer zu Missverständnissen – es kann sogar so weit kommen, dass kein Mensch Ihren grammatisch perfekt formulierten Satz versteht, nur weil Sie es mit der Längung eines Vokals nicht ganz so genau genommen haben!

Tabelle 1.1 stellt alle Vokalpaare gegenüber. Sprechen Sie sich die Kurz- und Langvokale mit lauter Stimme vor, damit Sie ein Gefühl für die richtige Länge erhalten.

Längungsstrich über **e** und **i** wird fast ausschließlich für die Umschrift von Fremdwörtern oder nicht japanischen Eigennamen benutzt, wie bei **kēki** (*keh-ki*; Kuchen, auf Englisch *cake*) oder **kībōdo** (*kih-boh-do*; Tastatur, auf Englisch *keyboard*) und **Burēmen** (*bu-reh-men*; Bremen) oder **Kīru** (*kih-ru*; Kiel).

Einem Vokal kann im Japanischen direkt ein zweiter, anderer Vokal folgen, sodass ein zweisilbiges Wort entsteht. Auch wenn sich in solchen Fällen **ai** (*ei*; Liebe) nach einem einzelnen Laut wie im Deutschen »eins« oder im Englischen »eye« anhören mag, bleiben es tatsächlich zwei, ebenso wie **koi** (*keu*;

Buchstabe	Aussprache	Laut im Deutschen	Beispiel
a	*a*	Tanne	obasan (*o-ba-san*; Tante)
ā	*ah*	Dame	ob san (*o-bah-san*; Großmutter)
e	*e*	essen	Seto (*se-to*; Name einer japanischen Stadt)
ē bzw. ei	*eh*	gehen	seito (*seh-to*; Schüler)
i	*i*	Witz	ojisan (*o-dschi-san*; Onkel)
ī bzw. ii	*ih*	viel	ojiisan (*o-dschih-san*; Großvater)
o	*o*	Folge	tori (*to-ri*; Vogel)
ō	*oh*	Brot	t ri (*toh-ri*; Straße)
u	*u*	Durst	yuki (*yu-ki*; Schnee)
ū	*uh*	Mut	y ki (*yuh-ki*; Mut)

Tabelle 1.1: Japanische Vokale

Karpfen) aus zwei Silben besteht, im Unterschied zu einsilbigen Wörtern wie im Deutschen »Heu«.

Tabelle 1.2 zeigt die häufigsten Kombinationen, die für ungeübte Ohren zwar teilweise recht ähnlich klingen mögen, doch Sie werden die Unterschiede schnell herausfinden, wenn Sie sie mehrmals hintereinander laut vor sich hingesagt haben. Wichtig ist, dass die einzelnen Vokale nicht voneinander getrennt ausgesprochen werden.

Die beiden Vokale geflüsterter **i** und **u** besitzen eine Besonderheit in der Aussprache, je nach ihrem Konsonantenumfeld: Stehen **i** beziehungsweise **u** zwischen **ch**, **h**, **k**, **p**, **s**, **sh**, **t**, **ts** oder folgen darauf am Wortende, so reduzieren sie sich auf

Vokalkombination	Aussprache	Übersetzung
ai (a+i)	*ei*	Liebe
mae (ma+e)	*mae*	Vorderseite; vor
ao (a+o)	*ao*	blau
au (a+u)	*au*	treffen
koi (ko+i)	*keu*	Karpfen
koe (ko+e)	*koe*	Stimme
ue (u+e)	*ue*	oben

Tabelle 1.2: Vokalkombinationen im Japanischen

kaum mehr wahrnehmbare, geflüsterte Laute, und man gewinnt oft den Eindruck, als seien sie in dem Wort gar nicht vorhanden. Hinter diesen, ein solches Flüstern fordernden Konsonanten steht indes durchaus eine gemeinsame Eigenschaft, die in der Linguistik als stimmlos bezeichnet wird – was bedeutet, dass Ihre Stimmbänder beim Sprechen nicht vibrieren. Legen Sie die Hand an Ihre Kehle (und damit an Ihre Stimmbänder), sagen Sie ein **k**: kein Summen; nun einen stimmhaften Laut wie **g**: Sie spüren jetzt nicht den Vibrationsalarm Ihres Handys, es sind Ihre Stimmbänder. Um bei den stummen Vokalen zu bleiben: Die beiden Tabellen 1.3 und 1.4 zeigen Ihnen Beispiele, wie unterschiedlich **i** und **u**

Japanisch	Aussprache	Übersetzung
s**uk**to	*skeh-to*	Schlittschuh laufen
k**us**ai	*ksei*	stinken
a**sh**ita	*ashta*	morgen
s desu	*soh des*	das stimmt

Tabelle 1.3: Japanische Wörter mit stummen, geflüsterten Vokalen

abhängig vom jeweiligen Konsonantenumfeld ausgesprochen werden müssen.

Japanisch	Aussprache	Übersetzung
s**u**goi	*su-geu*	toll, großartig, super
k**u**ni	*ku-ni*	Land
kag**u**	*ka-gu*	Möbel

Tabelle 1.4: Japanische Wörter ohne stumme, geflüsterte Vokale

Japanische Konsonanten

Sie mögen jetzt überrascht sein, aber hier gibt es im Grunde keine großen Unterschiede zum Deutschen, allein **f**, **j**, **r**, **s**, **w**, **z** sowie die Kombinationen **ch**, **ry**, **sh**, **ts** verdienen in Tabelle 1.5 ein wenig mehr Beachtung.

Konsonant	Lautbeschreibung	Beispiel
f	zwischen **f** und **h**, fast gehaucht	Fujisan *(fu-dschi-san*; Berg Fuji), tōfu *(toh-fu*; Sojabohnenquark, Tofu), futu *(fuh-fu*; Ehepaar)
j	nicht wie **j** in Juni, sondern wie **dsch** im englischen John	jūni *(dschuh-ni*; zwölf), mujō *(mu-dschoh*; vergänglich), kaji *(ka-dschi*; Brand, Feuer)
r	Zungenschlag zwischen **r** und **l**, ähnlich einem spanischen **r**	rakuda *(ra-ku-da*; Kamel), tora *(to-ra*; Tiger), tori *(to-ri*; Vogel)
s	nicht stimmhaft, sondern stets wie **ss** bzw. **ß**; vor **h** ähnlich **sch**	sora *(so-ra*; Himmel), suru *(su-ru*; tun, machen), kasa *(ka-sa*; Schirm)

22 Sprachführer Japanisch für Dummies

Konsonant	Lautbeschreibung	Beispiel
w	wie **w** im Englischen, sich an **u** annähernd	kawa (*ka-wa*; Fluss), wani (*wa-ni*; Krokodil), Biwako (*bi-wa-ko*; größter See Japans)
z	stimmhaftes **s** (die Stimmbänder vibrieren)	zutsū (*zu-tsuh*; Kopfschmerzen), kazu (*ka-zu*; Zahl); kizu (*ki-zu*; Wunde, Verletzung)
ch	wie **tch**, nie wie **ch** in Achtung	chūi (*tchuh-i*; Aufmerksamkeit, Vorsicht), chō (*tchoh*; Schmetterling), chiri (*tchi-ri*; Staub, Müll)
ry (etwa in **ryo**)	wie **ri+yo**, den Abstand zwischen den beiden Lauten dabei weiter verkürzen, bis sie sich zu einem einzigen zusammengefügt haben	ryokan (*ryo-kan*; Hotel im traditionellen japanischen Stil), enryo (*en-ryo*; Zurückhaltung), ryōkin (*ryoh-kin*; Gebühren)
sh	kein starkes, akzentuiertes **sch**, eher wie **sh** im englischen ship	chūsha (*tchuh-sha*; parken), jitensha (*dschi-ten-sha*; Fahrrad), shōchō (*shoh-tchoh*; Symbol)
ts	wie **z** in Zug	tsuru (*tsu-ru*; Kranich), tsuzukeru (*tsu-zu-ke-ru*; fortsetzen), tsūka (*tsuh-ka*; durchfahren, passieren)

Tabelle 1.5: Japanische Konsonanten mit vom Deutschen abweichender Aussprache

In den meisten Sprachen können Konsonanten auch verdoppelt werden, und das Japanische bildet hier keine Ausnahme. Die Aussprache dieser Konsonanten – **pp**, **tt**, **kk**, **ss** – unterscheidet sich allerdings vom Deutschen: Sie müssen sie einzeln und mit einer kurzen, stockenden Pause zwischen dem ersten und dem zweiten Laut aussprechen, was wieder ein klein wenig Übung verlangt:

- ✔ **kippu** (*kip-pu*; Fahrkarte, Eintrittskarte, Ticket)
- ✔ **kitte** (*kit-te*; Briefmarke)
- ✔ **sekken** (*sek-ken*; Seife)
- ✔ **massugu** (*mas-su-gu*; geradeaus)

 Die kurze, stockende Pause ist gewöhnungsbedürftig: Man neigt leicht dazu, beispielsweise *secken* oder *seckn* statt *sek-ken* sagen zu wollen, auch der Name eines großen japanischen Verlags wird nicht *Gacken* oder *Gackn* ausgesprochen, sondern *Gak-ken*.

Sich wie ein Muttersprachler anhören

Damit Ihr gesprochenes Japanisch tatsächlich auch Japanisch klingt, müssen Sie ein Gefühl für Akzentuierung, Rhythmus, Intonation und Satzmelodie bekommen. Aber keine Angst, eine musikwissenschaftliche Ausbildung benötigen Sie dafür nicht, es genügen schon ein paar wenige Kniffe, um Ihrem Sprachfluss ganz natürlich seinen japanischen Weg zu ebnen.

Betonungen vermeiden

Was Sie auch immer über den Wechsel zwischen betonten und unbetonten Silben gelernt, wie stark Sie betonte Silben bisher akzentuiert oder welche Kenntnisse Sie über die deutsche Stammbetonung haben mögen, all das spielt im Japanischen keine Rolle. Eignen Sie sich grundsätzlich eine gleichmäßige, fast monotone Sprechweise an, auch wenn es anfangs ein gewisses Maß an sprachlicher Zurückhaltung erfordert, die gewohnten Betonungen zu unterdrücken. Zornerfüllte oder aufgeregte Gemütszustände setzen diese Regel durchaus außer Kraft, sollten aber Ausnahmen bleiben.

In den richtigen Rhythmus kommen

Wenn Sie Silben und Wörter so miteinander verschmelzen, dass die ganzen Teile nach einem fest zusammengefügten Satz klingen, befinden Sie sich leider nicht im japanischen Takt. Sprechen Sie Silben klarer und deutlicher aus, damit Sie zu einem Rhythmus finden, der Ihre Sätze eher in viele Elemente aufgespalten erscheinen lässt.

Steigende und fallende Wortmelodien

Wie lassen sich solche sogenannten Pitch-Akzentuierungen (**kōtei akusento**, *koh-teh ak-sen-to*; Hoch-Tief-Akzent) mit der genannten gleichförmig-monotonen Sprechweise vereinbaren? Manchmal kommt es vor, dass bestimmte Silben zwar einen höheren beziehungsweise tieferen Akzent erhalten müssen, ohne dadurch jedoch eine besondere Verstärkung zu erfahren – eine hohe Notation bedeutet ja nicht zwangsläufig auch eine Intensivierung der Lautstärke.

Der vom Hoch-Tief-Akzent abhängige Verlauf der Wortmelodie kann die Bedeutung eines aus den gleichen Silben bestehenden Wortes stark verändern, je nachdem, welche Silbe den Akzent trägt: **hashi** (*ha-shi*) von oben nach unten gesprochen sind Essstäbchen, **hashi** (*ha-shi*) von unten nach oben gesprochen ist eine Brücke. Das trifft aber nur für den Osten Japans zu, im Westen verhält es sich genau umgekehrt: **hashi** von oben nach unten gesprochen ist eine Brücke, von unten nach oben sind es Essstäbchen.

Das Gute bei der ganzen Sache: Fast immer entscheidet der Zusammenhang, welche Bedeutung Sie zugeordnet haben, egal ob Ihre Wortmelodie eine steigende, fallende oder gerade Linie genommen hat. Zwar wird im Osten von Japan die Standardsprache gesprochen, da sich dort die Hauptstadt **Tōkyō** (*toh-kyoh*; wörtlich: östliche Hauptstadt) befindet, aber unabhängig von Ihrem Hoch-Tief-Akzent werden Sie im Restaurant keine Brücke erhalten, ebenso wenig wird man Ihnen am Fluss einen Weg über die Essstäbchen zeigen.

Falls Sie sich in manchen Situationen doch über den Gebrauch des Hoch-Tief-Akzents wundern sollten: Vor allem Japanerinnen neigen dazu, ihr Höhenvolumen zu erweitern. Gerade in der Geschäftswelt lässt sich das oft miterleben, wenn einem Kunden mit besonders großer Höflichkeit begegnet werden soll. Auch kleinen Kindern wird dadurch eine freundliche Haltung signalisiert.

Sie kennen sich schon ein bisschen im Japanischen aus

Ob Sie es glauben oder nicht, Sie verfügen bereits über einen beträchtlichen japanischen Wortschatz: Auf der einen Seite dürfte es sich um japanische Wörter handeln, die in den deutschen Sprachgebrauch aufgenommen wurden, auf der anderen Seite neben einigen wenigen deutschen Wörtern vor allem englischsprachige Ausdrücke, die in ihrer japanisierten Form zur gewohnten Alltagssprache zählen.

Japanische Wörter im Deutschen

Haben Sie schon einmal **sushi** gegessen? Sind Sie Mitglied in einem **karate**-Verein? Singen Sie ab und zu in **karaoke**-Bars? Selbst wenn Sie alle Fragen mit Nein beantwortet haben sollten, sind Sie sich wahrscheinlich über die Bedeutung der drei Wörter im Klaren und wissen auch, dass sie etwas mit Japan zu tun haben – was nichts anderes heißt, als dass Sie mit Ihrem Japanischlernen kein vollkommenes Neuland betreten, im Gegenteil, Sie kennen sich im Wortschatz schon recht gut aus.

Auf welcher Silbe Sie die folgenden, aus dem Japanischen übernommenen Wörter bisher – nach deutschem Sprachgebrauch meistens auf der vorletzten Silbe – betont haben mögen, denken Sie an die gelernte Regel und setzen Sie keinen Akzent:

- ✔ **ikebana** (*i-ke-ba-na,* nicht: *i-ke-bah-na*)
- ✔ **jūdō** (*dschuh-doh,* nicht: *yuh-doh* oder *yuh-do*)
- ✔ **kamikaze** (*ka-mi-ka-ze,* nicht: *ka-mi-kah-ze* oder gar *ka-mi-ka-tse*)
- ✔ **kimono** (*ki-mo-no,* nicht: *ki-moh-noh*)
- ✔ **origami** (*o-ri-ga-mi,* nicht: *o-ri-gah-mi*)
- ✔ **sake** (*sa-ke,* nicht: *sah-ke*)
- ✔ **sashimi** (*sa-shi-mi,* nicht: *sa-shih-mi*)
- ✔ **sushi** (*su-shi,* beachten Sie die geflüsterten Vokale)
- ✔ **tsunami** (*tsu-na-mi,* nicht: *tsu-nah-mi*)
- ✔ **wasabi** (*wa-sa-bi,* nicht: *wa-sah-bi*)

Das Gleiche gilt natürlich auch für Eigennamen:

- ✔ **Fukushima** (*fu-ku-shi-ma,* nicht: *fu-ku-shih-ma,* beachten Sie auch die geflüsterten Vokale)
- ✔ **Hiroshima** (*hi-ro-shi-ma,* nicht *hi-ro-shih-ma*)
- ✔ **Nagasaki** (*na-ga-sa-ki,* nicht: *na-ga-sah-ki*)
- ✔ **Ōsaka** (*oh-sa-ka,* nicht: *o-sah-ka*)

Deutsche Wörter im Japanischen

Außer ein paar Fachbegriffen aus Bergsteigerwelt, Medizin und Musik bilden deutsche Lehnwörter eine ziemlich vernachlässigbare Größe im Japanischen. Die beiden bekanntesten und nicht zu den obigen Wortfeldern gehörenden sind **baumukūhen** (Baumkuchen) und **arubaito** (Arbeit), wobei Letzteres einen Nebenjob oder eine Teilzeitbeschäftigung bezeichnet.

Im Gegensatz dazu nimmt die Zahl englischer Lehnwörter stetig zu und **bāsudē kēki** (*birthday cake*), **jūsu** (*juice*), **kōhī** (*coffee*), **nekutai** (*necktie*), **pātī** (*party*), **sutoraiku** (*strike*) und viele andere mehr sind aus der Alltagssprache nicht mehr wegzudenken, allerdings mit einer durchaus starken japanisierten Aussprache. Ebenso wie bei **arubaito** haben indes nicht alle ihre ursprüngliche Bedeutung behalten: **sumāto** (smart) findet sich auch als *schlank* im Wörterbuch wieder und **manshon** (*mansion*) verweist nicht auf eine herrschaftliche Villa, sondern auf ein mittelgroßes Apartmenthaus.

Erste Ausdrücke und Redewendungen

Machen Sie es sich zur Gewohnheit, folgende kurze Redewendungen bei sich zu Hause anzuwenden. Sie brauchen dabei natürlich die Unterstützung Ihrer Mitbewohner, aber wenn Sie allmählich ein Gespür für die passenden Situationen entwickelt haben, sind Sie auf dem besten Weg und die Worte kommen Ihnen dann auch in der Gesellschaft von Japanern im richtigen Moment ganz leicht über den Lippen:

- ✔ **Dōmo.** (*doh-mo*; Danke. Oder: Hallo!)
- ✔ **Iie.** (*ih-e*; Nein. Oder: Keine Ursache, nicht der Rede wert!)
- ✔ **Hai.** (*hei*; Ja.)
- ✔ **Wakarimasen.** (*wa-ka-ri-ma-sen*; Ich verstehe nicht. Oder: Ich weiß nicht.)
- ✔ **Shirimasen.** (*shi-ri-ma-sen*; Ich weiß es nicht.)

  Wenn Sie keine Informationen über einen Sachverhalt erlangt haben und deshalb eine bestimmte Frage nicht beantworten können, ist **shirimasen** der passende Ausdruck. Sind Sie jedoch der Meinung, dass Sie eine Frage beantworten können sollten, dazu im Moment aber nicht in der Lage sind, wirkt **wakarimasen** weitaus japanischer.

- ✔ **Sō, sō.** (*soh, soh*; Richtig beziehungsweise Ja.)

  Im Sinne eines Signals an Ihren Gesprächspartner, dass Sie seinen Ausführungen zuhören und beipflichten.

- ✔ **Dame.** (*da-me*; nicht wie »Dame« im Deutschen: Das darfst du nicht. Oder: Das ist schlecht.)

  Wenn Sie Kinder, Ihre Geschwister oder enge Freunde von etwas abhalten wollen oder darauf hinweisen, dass etwas nicht erlaubt ist. Gegenüber Vorgesetzen oder Älteren dürfen Sie es nicht anwenden.

- ✔ **Zenzen.** (*zen-zen*; Sie erinnern sich sicher daran, dass **z** wie ein stimmhaftes *s* ausgesprochen wird und nicht wie *ts*: Überhaupt nicht. Oder: Nichts passiert, kein Problem!)
- ✔ **Ii desu ne.** (*ih desu ne* oder auch *ih desu neh*; Gute Idee!)
- ✔ **Yatta.** (*yat-ta* oder auch *yat-tah*; Ich hab's gepackt, ich hab's geschafft, es hat geklappt (was ich gemacht habe)!)
- ✔ **Gambatte.** (*gam-bat-te*; Du packst das schon. Oder: Gib dein Bestes!)
- ✔ **Omedetō.** (*o-me-de-toh*; Glückwunsch!)
- ✔ **Yōkoso.** (*yoh-ko-so*; Willkommen!)
- ✔ **Shimpai shinaide.** (*shim-pei shi-nei-de*; Mach dir keine Sorgen!)
- ✔ **Makasete.** (*ma-ka-se-te*; Verlass dich auf mich. Oder: Ich mach das schon!)

Noch eine kurze Ergänzung zur lateinischen Umschrift: Wörter wie ga**m**batte und shi**m**pai werden Ihnen sehr wahrscheinlich auch als ga**n**batte und shi**n**pai begegnen. Das liegt an einer Besonderheit des **n**, das im Wort vor **b**, **p** oder **m** wie **m** ausgesprochen wird, und der Umsetzung anhand verschiedener Transkriptionssysteme. Um aber beispielsweise bei **shimbun/shinbun** (*shim-bun*; Zeitung) einem häufigen und immer wieder schwer rückgängig zu machenden Fehler gleichvorzubeugen, ist hier der Umschrift mit **m** der Vorzug gegeben.

Grammatik auf Sparflamme: 2
Die wichtigsten Grundlagen

> ### *In diesem Kapitel*
> ✔ Den richtigen Sprachstil verwenden
> ✔ Sätze zusammenfügen
> ✔ Mit japanischen Pronomen umgehen
> ✔ Verben bilden
> ✔ Adjektive benutzen

Stellen Sie sich grammatische Regeln als die Äste eines Baumes vor und Wörter als die Blätter, die an diesen Ästen hängen. Blicken Sie zunächst auf die Verzweigungen, bevor Sie sich an den einzelnen Blättern erfreuen, das ist der Königsweg für das Verständnis des gesamten japanischen Sprachbaums.

Den passenden Sprachstil wählen

Für welchen Sprachstil Sie sich entscheiden, hängt ganz davon ab, mit wem Sie gerade sprechen möchten. Im Englischen ist es einfach: »Did you see it?« können Sie jeden fragen, bei »Hast du das gesehen?« und »Haben Sie das gesehen?« mussten Sie aber schon überlegen, ob Sie die betreffende Person duzen dürfen oder siezen müssen. Im Japanischen verfügen Sie indes noch über eine dritte Auswahlmöglichkeit:

✔ Wenn Sie mit Vorgesetzten sprechen, benutzen Sie den formellen Sprachstil und fragen **Goran ni narimashita ka** (*go-ran-ni-nari-mashta ka*).

- ✔ Wenn Sie mit Kollegen sprechen, benutzen Sie den höflich-neutralen Sprachstil und fragen **Mimashita ka** (*mi-mashta ka*).
- ✔ Wenn Sie mit Kindern sprechen, benutzen Sie den informell-einfachen Sprachstil und fragen **Mita no** (*mi-ta no*).

Sie sehen, wie sehr sich ein und dieselbe Frage verkürzt, je weiter Sie sich von der Ebene des Vorgesetzten weg bis zur Ebene der Kinder hinbewegen – der Gebrauch von Sprachmuskeln ist im Japanischen eher im Einsatz für den Chef reserviert.

Die Wahl des eigenen Sprachstils hängt sowohl von der gesellschaftlichen Stellung in Bezug auf Position und Lebensalter als auch von der Zugehörigkeit zu einer bestimmten sozialen Gruppe Ihres Gesprächspartners ab, und diese beiden Bedingungen machen die richtige Entscheidung nicht immer einfach. So kann der informell-einfache Stil je nach Situation rüde und unhöflich klingen, aber auch freundlich und intim, der formelle sehr höflich und respektvoll, ebenso wie kaltabweisend und arrogant. Manchmal kann es sogar ganz schön kompliziert werden, denn wie verhält es sich, wenn mein Assistent älter ist als ich oder mein Sohn gar mein Chef ist? Tabelle 2.1 zeigt Ihnen Beispiele, welchen Sprachstil Sie wann anwenden sollten.

Gewöhnen Sie sich zunächst an den höflich-neutralen Stil, damit sind Sie zu Beginn fast immer auf der sicheren Seite.

Sprachstil	Sie sprechen mit
formell	Ihren Geschäftskunden, Vorgesetzten, Lehrern oder Leuten, die wesentlich älter sind als Sie
höflich-neutral	Ihren Kommilitonen, Kollegen, Nachbarn, Bekannten, den Eltern Ihrer Freunde
informell-einfach	Ihren Eltern, Kindern, Studenten, Assistenten, guten Freunden, Ihrem Ehepartner

Tabelle 2.1: Sprachstile im Japanischen

Sätze bilden

Im Deutschen können Sie mit der Wortfolge Subjekt-Verb-Objekt einen grammatisch korrekten Satz bilden, aber um dasselbe Ergebnis im Japanischen zu erhalten, müssen Sie Verb und Objekt miteinander tauschen. Nun haben Sie die Reihenfolge Subjekt-Objekt-Verb und legen dieses Muster all Ihren japanischen Sätzen zugrunde: Sie sagen »Ich Musik höre.« und nicht »Ich höre Musik.«, entsprechend »Ich Sushi esse.« und nicht »Ich esse Sushi.« Denken Sie immer an »Das Verb gehört ans Ende!« und schon können Sie im Grunde nichts mehr falsch machen.

Die Partikel

Solange Sie das Verb ans Ende des Satzes stellen, genießen Sie eigentlich recht große Freiheiten bei der Anordnung der Wörter. Wenn zum Beispiel Lisa Hannes einlädt, hätten Sie zwei Möglichkeiten zur Auswahl: »Lisa Hannes lädt ein.« und »Hannes Lisa lädt ein.« Beides wäre korrekt, denn Sie haben ja das Verb am Schluss.

Jetzt höre ich Ihren Einwand: »Wenn das so ist, woher soll man dann wissen, wer denn nun wen einlädt?« Stimmt, und um das genau festzulegen, fehlt jeweils noch eine eigene Markierung, die sogenannte Partikel, die dem jeweiligen Nomen folgt. Die Partikel für denjenigen, der in diesem Fall eine Handlung ausführt, lautet **ga** (*ga*), für denjenigen, der die Handlung erfährt, **o** (*o*). Ob nun Lisa oder Hannes am Satzanfang steht, es sind allein die Partikel, die die Bedeutung »Lisa lädt Hannes ein.« bestimmen:

✔ **Risa ga Hannesu o sasou.** (*ri-sa ga han-ne-s o sa-sou*; Lisa lädt Hannes ein.)

✔ **Hannesu o Risa ga sasou.** (*han-ne-su o ri-sa ga sa-sou*; Lisa lädt Hannes ein.)

Für diese beiden Partikel gibt es keine Übersetzungen im Deutschen, wichtig allein ist ihre Funktion: **ga** kennzeichnet das Subjekt, **o** das direkte Objekt.

Andere Partikel wie **kara** (*ka-ra*), **made** (*ma-de*; nicht: *mah-de*), **ni** (*ni*), **de** (*de*), **to** (*to*) und **ka** (*ka*) haben mit »von«, »bis«, »in«, »um«, »nach«, »mit«, »und«, »oder« zwar durchaus deutsche Entsprechungen, diese können je nach Zusammenhang aber unterschiedlich sein:

✔ **Bon de benkyō suru.** (*bon de ben-kyoh su-ru*; Ich studiere in Bonn.)

✔ **Takushī de iku.** (*ta-kshih de i-ku*; Ich fahre mit dem Taxi.)

Gerade bei den Partikeln ist es viel einfacher, den generellen Gebrauch zu überblicken, anstatt sich einzelne Übersetzungen einprägen zu wollen. In Tabelle 2.2 finden Sie eine Aufstellung der japanischen Partikel mit ihren wichtigsten Bedeutungsfeldern.

2 ➤ Grammatik auf Sparflamme: Die wichtigsten Grundlagen

Partikel	Übersetzung	Gebrauch	Beispiel
ga *(ga)*	keine Entsprechung	kennzeichnet das Subjekt im Satz	Hannesu ga tabeta. (*han-ne-su ga ta-be-ta*; Hannes hat gegessen.)
o *(o)*	keine Entsprechung	kennzeichnet das direkte Objekt im Satz	Risa ga sushi o tabeta. (*ri-sa ga su-shi o ta-be-ta*; Lisa hat Sushi gegessen.)
kara *(ka-ra)*	ab, von, seit	kennzeichnet den Anfangspunkt einer Handlung	Kuji kara benkyō shita. (*ku-dschi ka-ra ben-kyoh shta*; Ich habe ab 9 Uhr gelernt.)
made *(ma-de)*	bis	kennzeichnet den Endpunkt einer Handlung	Sanji made benkyō shita. (*san-dschi ma-de ben-kyoh shta*; Ich habe bis 3 Uhr gelernt.)
ni *(ni)*	nach, in, um	kennzeichnet das Ziel einer Handlung	Nihon ni itta. (*ni-hon ni it-ta*; Ich bin nach Japan gegangen.) Tōkyō ni tsuita. (*toh-kyoh ni tsu-i-ta*; Ich bin in Tokyo angekommen.)
		kennzeichnet den Zeitpunkt eines Ereignisses	Sanji ni tsuita. (*san-dschi ni tsu-i-ta*; Ich bin um 3 Uhr angekommen.)
e *(e)*	nach, zu	kennzeichnet die Richtung einer Handlung	Tōkyō e itta. (*toh-kyoh e it-ta*; Ich bin nach/in Richtung Tokyo gegangen.)
de *(de)*	in, mit, mittels	kennzeichnet den Ort, an dem eine Handlung stattfindet	Bon de benkyō shita. (*bon de ben-kyoh shta*; Ich habe in Bonn studiert.)
		kennzeichnet das Mittel, mit dem eine Handlung durchgeführt wird	Takushī de itta. (*ta-kshih de it-ta*; Ich bin mit dem Taxi gefahren.) Fōku de tabeta. (*foh-ku de ta-be-ta*; Ich habe mit der Gabel gegessen.)

Partikel	Übersetzung	Gebrauch	Beispiel
no *(no)*	-s, -es, von	besitzanzeigend	Watashi no hon (*wa-ta-shi no hon*; mein Buch) Risa no hon (*ri-sa no hon*; Lisas Buch / das Buch von Lisa)
		eigenschafts-zuweisend	Nihongo no hon (*ni-hon-go no hon*; ein japanischspra-chiges Buch / ein Buch in japanischer Sprache)
to *(to)*	und, mit	zählt Dinge auf	Sushi to sashimi o tabeta. (*su-shi to sa-shi-mi o ta-be-ta*; Ich habe Sushi und Sashimi gegessen.)
		kennzeichnet die Person, mit der eine Hand-lung zusammen ausgeführt wird	Risa ga Hannesu to utatta. (*ri-sa ga han-ne-su to utat-ta*; Lisa hat mit Hannes gesungen.)
ka *(ka)*	oder	gibt Wahl-möglichkeiten	Sushi ka sashimi o taberu. (*su-shi ka sa-shi-mi o ta-be-ru*; Ich esse Sushi oder Sashimi.)

Tabelle 2.2: Die japanischen Partikel

Innerhalb eines Satzes können mehrere Partikel vorkommen:

✔ **Risa ga kuruma de Tōkyō e itta.** (*ri-sa ga ku-ru-ma de toh-kyoh e it-ta*; Lisa ist mit dem Auto nach Tokyo gefahren.)

✔ **Hannesu no otōsan kara bīru to o-sake to wain o mor-atta.** (*han-ne-su no o-toh-san ka-ra bih-ru to o-sa-ke to wein o mo-rat-ta*; Ich habe von Hannes' Vater Bier, Sake und Wein bekommen.)

Die Partikel sind notwendig, um ausdrücken zu können, in welcher Beziehung die Nomen in einem japanischen Satz zueinander stehen. Die bestimmten Artikel »der«, »die«, »das« und die unbestimmten Artikel »ein«, »eine« kennt das Japanische indes nicht, auch findet in der Regel keine gesonderte Bezeichnung für die Mehrzahl statt. **Tamago** (*ta-ma-go*) kann sowohl Ei als auch Eier bedeuten.

Das Thema nennen

Sie werden einem Muttersprachler stets ähnlich klingen, wenn Sie zu Beginn eines Satzes die Aufmerksamkeit des Hörers auf den Gesprächsgegenstand lenken, indem Sie das Thema besonders herausstellen, über das Sie im Folgenden reden möchten: »Um über X nun zu sprechen« oder »Was X betrifft, so ist es wie folgt«.

Im Japanischen müssen Sie hierfür nichts weiter tun, als **X** an den Anfang des Satzes zu stellen und die Partikel **wa** (*wa*) anzufügen, schon haben Sie das Thema markiert und **X** besitzt nun den Status einen Themenworts.

Sie möchten beispielsweise darüber sprechen, was Sie gestern getan haben, wobei die Betonung auf »gestern« liegt, das heißt, die Angabe »gestern« wird zum Thema der Satzaussage: Stellen Sie das Wort für »gestern« **kinō** (*ki-noh*) an den Satzanfang und fügen Sie den Themenmarker **wa** an, sodass Sie Ihren Satz mit **kinō wa** beginnen. Damit hätten Sie nun das Thema nach Art von »Was gestern betrifft, so …« hervorgehoben.

Die folgenden drei Sätze beschreiben ein und dieselbe Handlung, unterscheiden sich aber durch die Themamarkierung.

Es geht zunächst vorrangig darum, was »gestern« vorgefallen ist, im zweiten Fall darum, was »der Lehrer« getan hat, und zum Schluss, was mit »Hannes« passiert ist:

✔ **Kinō wa sensei ga Hannesu o shikatta.** (*ki-noh wa sen-seh ga han-ne-su o shi-kat-ta*; Was gestern betrifft, so hat der Lehrer Hannes eine Rüge erteilt.)

✔ **Sensei wa kinō Hannesu o shikatta.** (*sen-seh wa ki-nō han-ne-su o shi-kat-ta*; Was den Lehrer betrifft, so hat er gestern Hannes eine Rüge erteilt.)

✔ **Hannesu wa sensei ga kinō shikatta.** (*han-ne-su wa sen-seh ga ki-nō shi-kat-ta*; Was Hannes betrifft, so hat der Lehrer ihm gestern eine Rüge erteilt.)

Mit **wa** können Sie jedes Nomen als Thema kennzeichnen, auch das bereits mit **ga** markierte Subjekt beziehungsweise das mit **o** markierte Objekt. In solchen Fällen werden **ga** oder **o** durch **wa** ersetzt; weder **wa** und **ga** noch **wa** und **o** tretengemeinsam auf.

Überflüssige Wörter wegfallen lassen

Es gehört zum japanischen Stil, in den Sätzen nur so viele Wörter zu benutzen, wie für die Verständlichkeit notwendig sind.

Die ersten Kandidaten auf der Kürzungsliste sind Pronomen und solche Satzteile, die sich bereits aus dem Zusammenhang ergeben und deshalb nicht eigens genannt werden müssen. Es kommt also durchaus vor, dass Sie es mit Sätzen zu tun haben, in denen das Subjekt fehlt, kein direktes Objekt zu finden ist, ja ganze Zeit- und Ortsangaben fehlen und nur ein Verb oder lediglich ein Wort mit Themamarkierung vorhanden ist. Wenn es also der Zusammenhang zulässt, werden die in Klammern gesetzten Teile der folgenden Beispielsätze grundsätzlich weggelassen. Weniger ist hier mehr:

✔ **Hotto doggu wa (tabemasu ka).** (*hot-to dog-gu wa [ta-be-ma-su ka]*; Möchten Sie einen Hotdog essen?)

✔ **(Watashi wa kinō tenisu o) shimashita.** (*wa-ta-shi wa ki-noh te-ni-su o] shi-ma-shta*; Ich habe gestern Tennis gespielt.)

Pronomen einsetzen

Pronomen wie »diese« und »das«, »es«, »ihm« und »ihr«, »ihn« und »sie« sind äußerst praktische Ersatzwörter für Nomen und gehören zum deutschen ebenso wie zum japanischen Sprachalltag. Wie gut ist es doch, nicht alles und jedes genau benennen zu müssen, sondern bei Bedarf auf solch nützliche Helfer zurückgreifen zu können!

Demonstrativpronomen

Demonstrativpronomen kore hört sich fast ein bisschen zu gewaltig an für solch unscheinbare Wörter wie »dieser«,» diese«, »dieses« und »jener«, »jene«, »jenes« beziehungsweise »der da«, »die da«, »das da«. Im Japanischen gilt es bei dieser einfachen Zeigefunktion vor allem zu beachten, zu welchem Bereich der Ort gehört, an dem sich etwas befindet, denn danach richtet sich der Gebrauch der Pronomen: Wenn Sie mit Ihrem Gesprächspartner an einem Tisch sitzen, ist Ihre Tischhälfte Ihr Bereich, die andere Tischhälfte der Bereich Ihres

Gesprächspartners und alles andere liegt außerhalb. Um nun auf etwas zu zeigen oder darauf Bezug zu nehmen, benutzen Sie

✔ **kore** (*ko-re*) für Dinge in Ihrem Bereich,

✔ **sore** (*so-re*) für Dinge im Bereich Ihres Gesprächspartners,

✔ **are** (*a-re*) für Dinge außerhalb beider Bereiche.

Mit dieser Einteilung im Kopf fällt es Ihnen wiederum leicht zu erkennen, wer in der folgenden Szene im japanischen Restaurant **tako** (*ta-ko*; Oktopus) bestellt hat, wer **ika** (*i-ka*; Tintenfisch) und wer **ebi** (*e-bi*; Garnelen):

✔ **Sore wa ika desu ka.** (*so-re wa i-ka de-su ka*; Ist das [dort, bei dir] Tintenfisch?)

✔ **Iie, kore wa tako desu. Sore wa ika desu ka.** (*ih-e, ko-re wa ta-ko de-su. so-re wa i-ka de-su ka*; Nein, das [hier, bei mir] ist Oktopus. Ist das [dort, bei dir] Tintenfisch?)

✔ **Hai, kore wa ika desu.** (*hei, ko-re wa i-ka de-su*; Ja, das [hier, bei mir] ist Tintenfisch.)

✔ **Jā, are wa nan desu ka.** (*dschah, a-re wa nan de-su ka*; Hm, was ist das [da drüben]?)

✔ **Are wa ebi desu.** (*a-re wa e-bi de-su*; Das [da drüben] sind Garnelen.)

Personalpronomen

Das Personalpronomen für die erste Person Singular lautet **watashi** (*wa-ta-shi*) und entspricht »ich« im Deutschen; je nach folgender Partikel kann es aber auch »mir«, »mich«

oder »mein« heißen. Werfen Sie zunächst einen Blick auf Tabelle 2.3, bevor Sie etwas über die Anwendung dieser Pronomen erfahren.

Pronomen	Aussprache	Übersetzung
watashi	*wa-ta-shi*	ich
watashitachi	*wa-ta-shi-ta-tchi*	wir
anata	*a-na-ta*	du, Sie (nur in den wenigsten Situationen angemessen)
anatatachi	*a-na-ta-ta-tchi*	ihr, Sie
kare	*ka-re*	er
karera	*ka-re-ra*	sie (nur männliche oder männlich-weiblich gemischte Gruppen)
kanojo	*ka-no-dscho*	sie
kanojora	*ka-no-dscho-ra*	sie (nur weibliche Gruppen)

Tabelle 2.3: Japanische Personalpronomen

Das Allzweckpronomen für »ich« ist **watashi**, je nach Situation können Sie aber auch ein anderes Wort hören, das ebenfalls nichts anderes als »ich« heißt:

✔ Die formelle Variante lautet **watakushi** (*wa-ta-kshi*).

✔ Männer greifen auf informeller oder höflich-neutraler Ebene nicht selten auf **boku** (*bo-ku*) zurück.

✔ Im informellen Bereich wird von Männern manchmal auch **ore** (*o-re*) benutzt, von älteren Männern **washi** (*wa-shi*), von jüngeren Frauen hingegen ab und zu **atashi** (*a-ta-shi*).

Die unterschiedlichen Pronomen der ersten Person können im Gespräch immer vorkommen, sei es als »mein« in **watashi no hon** (*wa-ta-shi no hon*; mein Buch) oder als »mich« in **Risa wa watashi o mita** (*ri-sa wa wa-ta-shi o mi-ta*; Lisa hat mich gesehen). Besonders aber **anata** als »du« beziehungsweise »Sie« ist nur sehr begrenzt einsetzbar: In neun von zehn Fällen werden Sie arrogant bis unverschämt oder einfach nur ausländisch klingen und sollten dieses Pronomen eher vermeiden.

»Und? Wie soll ich dann jemandem eine Frage stellen wie ‚Gehst du dorthin?', ohne dieses **anata** benutzen zu müssen?« Im Grunde ganz einfach: Sie können den Satz verkürzen. Wenn es in der Situation klar ist, wer die Frage gestellt bekommt, bleibt von **Anata wa ikimasu ka** (*a-na-ta wa i-ki-ma-su-ka*) nur **Ikimasu ka** übrig und trotz des fehlenden Pronomens hätten Sie »Gehst du dorthin?« gesagt. Eine andere Möglichkeit, **anata** zu vermeiden, wäre die Nennung des Namens Ihres Gesprächspartners. Sie könnten Yōko also ansprechen und fragen **Yōko-san**, **Yōko-san wa ikimasu ka** (*yoh-ko san, yoh-ko san wa i-ki-ma-su ka*; Yōko-san, geht Yōko-san dorthin?), was nichts anderes als »Yōko, gehst du dorthin?« bedeutet.

Kleiner Wortschatz

are	*a-re*	das dort drüben
kore	*ko-re*	das da, das hier
sore	*so-re*	das da, das dort bei dir/Ihnen
watashi	*wa-ta-shi*	ich
boku	*bo-ku*	ich (von Männern gebraucht)

Verben einbauen

Zuerst die gute Nachricht: Sie brauchen sich im Grunde nicht mit Konjugationstabellen herumzuplagen. Ob erste Person, zweite Person, dritte Person, Singular oder Plural, all das lässt japanische Verben kalt. »Ich esse«, »du isst«, »er isst«, »sie isst«, »wir essen«, »ihr esst«, »sie essen« – im Japanischen bleibt es bei **taberu** (*ta-be-ru*).

Jetzt die weniger gute Nachricht: Auch japanische Verben verändern sich nach einem bestimmten Schema und wenn Sie sich in Gegenwart und Vergangenheit, Verneinung und formellem Stil zurechtfinden wollen, müssen Sie diese Mechanismen kennen.

Viele Informationen hat die japanische Sprache in ihre Verben eingepackt, nicht nur das Übliche wie den Ausdruck einer Handlung oder eines Zustands, sie sind auch Träger von gesellschaftlichem Status, Respekt oder Bescheidenheit. Zu wem man gerade spricht, zu einem geschätzten Gast, einem Kollegen, dem Ehepartner, einem Freund, ja selbst ob das Haustier seine Ohren spitzen soll, all das lässt sich aus den verschiedenen Stilebenen des benutzten Verbs ableiten. Zwar kommen im *Sprachführer* Beispiele aus allen diesen Abstufungen vor, die gebräuchlichsten sind aber informell-einfacher und höflich-neutraler Stil.

Grundlegende Verbformen verstehen

Eigentlich sind es nicht mehr als vier Verbformen, mit denen Sie im Japanischen jonglieren müssen, um beispielsweise Verneinung und Zeiten zu bilden. Auch diejenigen Ausdrücke, die den Modalverben im Deutschen nahekommen, finden bei einer dieser vier Formen ihren Ausgangspunkt:

- ✔ **Wörterbuchform:** So steht das Verb im Wörterbuch und in dieser Funktion gleicht es dem Infinitiv, so wie Sie ihn kennen. Unter anderem ist es auch die Verbform der informell-einfachen Stilebene.
- ✔ **Verneinungsform:** Damit bilden Sie die Verneinung der Wörterbuchform auf der gleichen Stilebene.
- ✔ **Stammform:** Diese Form müssen Verben annehmen, damit Sie beispielsweise die Wortglieder anfügen können, die das Verb von der informell-einfachen auf die höflich-neutrale Stilebene anheben.
- ✔ **te-Form:** Die Verben enden auf **te** (*te*) oder **de** (*de*), müssen hierfür aber unterschiedlich verändert werden, was die Bildung ein wenig komplizierter macht. Der te-Form folgt oft ein zweites Verb oder auch eine Wortgruppe, die einen bestimmten Modus ausdrückt, steht sie allein, verweist sie auf eine Bitte der informell-einfachen Stilebene.

Jedes Mal, wenn Sie hier auf ein neues Verb treffen, finden Sie das Verb in der Wörterbuch-, Verneinungs-, Stamm- und te-Form aufgelistet, für **taberu** (*ta-be-ru*; essen) sieht das demnach so aus:

Form	Aussprache
taberu	*ta-be-ru*
tabenai	*ta-be-nei*
tabe	*ta-be*
tabete	*ta-be-te*

Die Verbformen bilden

Den wenigen unregelmäßigen Verben stehen die regelmäßigen gegenüber, die der Wörterbuchform entsprechend in zwei Gruppen eingeteilt werden können: Verben, die auf **ru** enden, und Verben, die auf **u** enden.

Die ru-Verben zeichnen sich in der Verneinungsform dadurch aus, dass das **ru** wegfällt und ein **nai** (*nei*) angefügt wird, in der Stammform, dass das **ru** wegfällt und beispielsweise ein **masu** (*ma-su*) angefügt wird, und in der te-Form, dass das **ru** wegfällt und ein **te** angefügt wird – Sie merken schon, »**ru** fällt weg« ist die Eigenschaft, an die Sie sich immer erinnern müssen.

Die meisten Verben gehören jedoch zu den u-Verben und bei denen ist es so, dass sich in der Verneinungsform das **u** zunächst in ein **a** verändert, erst dann ein **nai** (*nei*) angefügt wird, und sich in der Stammform das **u** zunächst in ein **i** verändert, erst dann beispielsweise ein **masu** (*ma-su*) angefügt wird.

Für die te-Form der u-Verben hatte ich Sie bereits vorgewarnt:

✔ Endungen auf **su** werden zu **shite** (*shte*)

✔ Endungen auf **ku** oder **gu** werden zu **ite** oder **ide**

✔ Endungen auf **mu**, **bu** oder **nu** werden zu **nde**

✔ Endungen auf Vokal + **u** oder **ru** oder **tsu** werden zu **tte**

Es ist Ihnen sicher aufgefallen, dass in der Gruppe der u-Verben auch Verben aufgetaucht sind, die auf **ru** enden und daher eigentlich zu den ru-Verben gehören müssten. Das ist der Wermutstropfen: Zwar enden alle ru-Verben auf **ru**, leider aber auch einige der u-Verben, und diese verändern sich dann gemäß den Regeln für die u-Verben. Vergleichen Sie **kaeru** (*kae-ru*; austauschen) als ru-Verb mit **kaeru** (*kae-ru*; nach Hause gehen) als u-Verb:

Form	ru-Verb (austauschen)	u-Verb (nach Hause gehen)
Wörterbuch	kaeru	kaeru
Verneinung	kaenai	kaeranai
	(**ru** fällt weg, **nai** wird angefügt)	(**u** wird zu **a**, **nai** wird angefügt)
Stamm	kae Beispiel: kaemasu	kaeri Beispiel: kaerimasu
	(**ru** fällt weg, **masu** wird angefügt)	(**u** wird zu **i**, **masu** wird angefügt)
te	kaete	kaette
	(**ru** fällt weg, **te** wird angefügt)	(**ru** wird ersetzt durch **tte**)

Die Tabellen 2.4 bis 2.6 listen einige der ru- und u-Verben sowie fünf der gängigsten unregelmäßigen Verben auf.

	Wörterbuchform	Verneinungsform	Stammform	te-Form	Bedeutung
ru-Verben					
	taberu	tabenai	tabe	tabete	essen
	miru	minai	mi	mite	sehen
	iru	inai	i	ite	sich befinden

Tabelle 2.4: Japanische Verbformen: ru-Verben

2 ➤ Grammatik auf Sparflamme: Die wichtigsten Grundlagen

	Wörter-buchform	Vernei-nungsform	Stamm-form	te-Form	Bedeutung
u-Verben					
	hanasu	hanasanai	hanashi	hanashite	sprechen
	kaku	kakanai	kaki	kaite	schreiben
	oyogu	oyoganai	oyogi	oyoide	schwimmen
	nomu	nomanai	nomi	nonde	trinken
	asobu	asobanai	asobi	asonde	spielen
	shinu	shinanai	shini	shinde	sterben
	kau	kawanai	kai	katte	kaufen
	toru	toranai	tori	totte	nehmen
	matsu	matanai	machi	matte	warten

Tabelle 2.5: Japanische Verbformen: u-Verben

Zwei kleine Ausnahmen haben Sie sicher bemerkt:

✔ Verneinungsform: bei Vokal + **u** statt **a** ein **wa** und bei **tsu** statt **tsa** nur **ta**

✔ Stammform: bei **su** statt **si** ein **shi** und bei **tsu** statt **tsi** ein **chi**

Warum steht **iku** bei den unregelmäßigen Verben? Schauen Sie sich die te-Form an!

Denken Sie an die langen Verblisten, die Sie von anderen Fremdsprachen kennen – im Vergleich dazu ist das hier ein Klacks. Egal wie viele neue Verben Sie auch lernen, Sie werden es nur mit diesen wenigen Endungen zu tun haben und die Verben mühelos in die jeweiligen Formen bringen können. Das geht dann wie von selbst, daher versuchen Sie zunächst, sich vor allem in die verschiedenen Ge-

	Wörter- buchform	Vernei- nungsform	Stamm- form	te-Form	Bedeutung
unregelmäßige Verben					
	aru	nai	ari	atte	sich befinden (unbelebte Dinge)
	iku	ikanai	iki	itte	gehen
	kuru	konai	ki	kite	kommen
	irassharu	irassha-ranai	irasshai	irasshatte	sich befinden; kommen; gehen (formeller Stil)
	suru	shinai	shi	shite	tun

Tabelle 2.6: Japanische Verbformen: die unregelmäßigen Verben

sprächssituationen hineinzuversetzen, und achten Sie dabei besonders auf das Umfeld der Verben und Verbformen, damit Sie ein Gefühl für die praktische Anwendung bekommen.

Für Gegenwart und Zukunft: Die Wörterbuchform

Sowohl Gegenwart als auch Zukunft werden durch die Wörterbuchform der Verben ausgedrückt, das bedeutet, dass **taberu** nicht nur »ich esse«, sondern auch »ich werde essen« heißen kann, und üblicherweise entscheidet der Zusammenhang, was gemeint ist. Die Aussage im Präsens muss sich nicht immer auf etwas beziehen, das gerade stattfindet; eine gewohnheitsmäßige Handlung liegt ebenso im Bedeutungsspektrum: »Ich esse jeden Abend um 18 Uhr«.

2 ➤ Grammatik auf Sparflamme: Die wichtigsten Grundlagen   49

Für die Vergangenheit: Eine abgewandelte te-Form

Wenn Ihnen die te-Form leicht über die Lippen kommt, ist die Bildung der Vergangenheit ein Kinderspiel – doch denken Sie daran, ein bisschen vertrackt war die te-Form schon gewesen. Haben Sie diese kleine Hürde aber erst übersprungen, brauchen Sie aus dem **e** der jeweiligen te-Form nur noch ein **a** zu machen, das war's: So wird **tabete** (*ta-be-te*; iss) zu **tabeta** (*ta-be-ta*; ich habe gegessen) und **nonde** (*non-de*; trink) zu **nonda** (*non-da*; ich habe getrunken).

Für die Verneinung in der Vergangenheit: »katta«

Auch hierfür greifen Sie mit der Verneinungsform auf eine der vier grundlegenden Verbformen zurück und ersetzen das stets am Schluss des Verbs stehende **i** durch **katta**: **tabenai** (*ta-be-nei*; ich esse nicht) ohne **i** erhält die unvollständige Zwischenform **tabena-**, an die nun **katta** andocken kann und **tabenakatta** (*ta-be-na-kat-ta*; ich habe nicht gegessen) neu entsteht; nach demselben Prinzip wird aus **nomanai** (*no-ma-nei*; ich trinke nicht) **nomanakatta** (*no-ma-na-kat-ta*; ich habe nicht getrunken).

Höflich sprechen

»Sage mir, in welcher Stilebene du die Verben benutzt, und ich sage dir, wer du bist.« In eine solche Lage können Sie oft geraten, denn mag der informell-einfache Stil genau der passende sein, wenn Sie sich im Freundeskreis oder vertrauter Runde unterhalten, in der Geschäftswelt aber oder wenn Sie jemanden nicht gut genug kennen, würden Ihre Gesprächspartner Sie für naiv, kindisch, im schlimmsten Falle sogar für unverschämt halten. Es gehört zum Japanischen unbedingt dazu, eine Gesprächssituation richtig einzuschätzen und die Verben im entsprechenden Stil anwenden zu können.

Glücklicherweise ist es nicht besonders schwierig, Verben in den höflich-neutralen Stil zu setzen. Sie benötigen die Stammform und fügen an für:

✔ Gegenwart, bejahend: **masu**

✔ Gegenwart, verneinend: **masen**

✔ Vergangenheit, bejahend: **mashita**

✔ Vergangenheit, verneinend: **masen deshita**

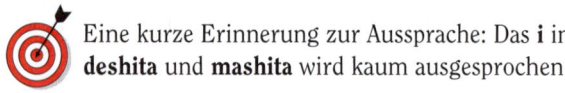
Eine kurze Erinnerung zur Aussprache: Das **i** in **deshita** und **mashita** wird kaum ausgesprochen.

Schauen Sie sich in Tabelle 2.7 ein paar Beispiele an.

Verben mit Suffixen erweitern

Die japanische Sprache besitzt einen großen Vorrat an Suffixen, die ein Verb mit einer neuen Bedeutung oder auch nur mit einer kleinen Nuance ausstatten – und mit denen Sie Ihre Ausdrucksfähigkeit um ein Vielfaches steigern können. Wie verschieden diese Suffixe im Einzelnen auch sind, sie werden nur an die Ihnen schon bekannten grundlegenden Verbformen angefügt.

In Tabelle 2.8, die Ihnen zunächst nur einen Überblick geben soll, habe ich zur Vereinfachung Wörterbuch- und Verneinungsform sowie die entsprechenden Vergangenheitsformen mit **ta** und **katta** zur informell-einfachen Form zusammengefasst, das heißt, dass in der Regel beispielsweise **kara**

Verb	Stamm	Gegenwart bejahend	Gegenwart verneinend	Vergangenheit bejahend	Vergangenheit verneinend
taberu (essen)	tabe	tabemasu (ich esse)	tabemasen (ich esse nicht)	tabemashita (ich habe gegessen)	tabemasen deshita (ich habe nicht gegessen)
miru (sehen)	mi	mimasu (ich sehe)	mimasen (ich sehe nicht)	mimashita (ich habe gesehen)	mimasen deshita (ich habe nicht gesehen)
nomu (trinken)	nomi	nomimasu (ich trinke)	nomimasen (ich trinke nicht)	nomimashita (ich habe getrunken)	nomimasen deshita (ich habe nicht getrunken)

Tabelle 2.7: Japanische Verbformen: höflich-neutraler Stil

(*ka-ra*; weil) direkt nach **taberu**, **tabenai**, **tabeta** oder **tabenakatta** folgt.

In der Umschrift werden manche Suffixe meist direkt an das Verb gestellt, andere wiederum sind eher durch ein Leerzeichen getrennt, während die Darstellung mit Bindestrich auch ihre Berechtigung hat. Zur Verdeutlichung von Verbform und Suffix habe ich in Tabelle 2.8 durchgängig ein Leerzeichen gesetzt, auch wenn Sie die Wortgruppen nicht voneinander getrennt aussprechen sollten.

Bedeutung/ Anwendung	Suffix	Beispiel	Übersetzung
Suffixe, die an die informell-einfache Form angehängt werden			
sollen (nachdrücklicher Rat, Verpflichtung)	beki desu	taberu beki desu	man soll essen
wohl (Wahrscheinlichkeit)	deshō	taberu deshō	wohl, wahrscheinlich essen
könnte, es kann sein, dass	kamoshiremasen	taberu kamoshiremasen	es kann sein, dass man isst
die Person, die etwas tut (als Relativsatz übersetzbar)	hito	taberu hito	die Person, die isst
weil	kara	taberu kara	weil man isst
Nominalisierung des Verbs	koto	taberu koto	das Essen, Essen
Dinge	mono	taberu mono	Dinge zum Essen
Zeit	toki	taberu toki	wenn man isst
Absicht	tsumori desu	taberu tsumori desu	die Absicht haben zu essen
Suffixe, die an die Stammform angehängt werden			
während	nagara	tabe nagara	während man isst
um ... zu (Zweck)	ni	tabe ni	um zu essen
schwierig sein	nikui	tabe nikui	schwierig zu essen sein
zu viel tun	sugiru	tabe sugiru	zu viel essen

Bedeutung/ Anwendung	Suffix	Beispiel	Übersetzung
wollen (Verlangen)	tai	tabe tai	essen wollen
Suffixe, die an die te-Form angehängt werden			
etwas für jemanden tun (Gefallen)	ageru	tabete ageru	für jemanden essen, den Gefallen tun zu essen
gerade dabei sein	iru	tabete iru	gerade essen, gerade am Essen sein
Bitte	kudasai	tabete kudasai	Bitte essen Sie
versuchen, probieren	miru	tabete miru	versuchen zu essen; kosten, probieren
beenden	shimau	tabete shimau	zu Ende essen

Tabelle 2.8: Japanische Verbsuffixe

Die Besonderheiten von »desu«

Wie »sein« im Deutschen können Sie **desu** (*de-su*; Aussprache: kaum hörbares **u**!) im Japanischen verwenden, um etwas miteinander gleichzusetzen beziehungsweise um einer Person oder Sache eine Eigenschaft zuzuweisen: **A wa B desu** (*A wa B de-su*; was A betrifft, so ist es B, oder kurz: A ist B). Die Partikel **wa** fungiert als Markierung des Themas, wie Sie es im Abschnitt »Das Thema nennen« weiter vorn in diesem Kapitel gesehen haben, und **desu** – inzwischen sicher wenig überraschend – steht am Satzende.

Das B im obigen Beispiel ist entweder ein Nomen oder ein Adjektiv und Sie können nun Sätze bilden wie **Otōto wa gakusei desu** (*o-toh-to wa ga-k-seh de-su*; mein kleiner Bruder ist ein Student) oder **Jisho wa benri desu** (*ji-sho wa ben-ri de-su*; das Wörterbuch ist praktisch).

Ist **desu**, das aus der Partikel **de**, dem Verb **aru** und dem höflich-neutralen Suffix **masu** zusammengefügt ist, eigentlich ein u-Verb und folgt dem Schema von **hanasu** wie in Tabelle 2.5 dargestellt? Nein, selbst wenn es oft mit »sein« gleichgesetzt wird, trifft die Funktion als Verb nicht immer zu, außerdem kann es nicht wie **hanasu** allein stehen.

Wie **desu** sich bei Verneinung und Vergangenheit verändert, wenn es auf ein Nomen folgt, sehen Sie in Tabelle 2.9; wie es sich im Fall von Adjektiven verhält, finden Sie gleich anschließend im Abschnitt »Zwei verschiedene Gruppen von Adjektiven«.

Japanisch	Aussprache	Übersetzung
Risa wa gakusei desu.	*ri-sa wa ga-ku-seh de-su*	Lisa ist Studentin.
Risa wa gakusei ja arimasen.	*ri-sa wa ga-ku-seh dscha a-ri-ma-sen*	Lisa ist keine Studentin.
Risa wa gakusei deshita.	*ri-sa wa- ga-ku-seh de-shta*	Lisa war Studentin.
Risa wa gakusei ja arimasen deshita.	*ri-sa wa ga-ku-seh dscha a-ri-ma-sen de-shta*	Lisa war keine Studentin.

Tabelle 2.9: Nomen + »desu« im höflich-neutralen Stil

Sollten Sie sich in einer Situation befinden, die den informell-einfachen Stil erfordert, können Sie **desu** nicht mehr verwenden und müssen auf die entsprechende Kurzform **da** zurückgreifen (siehe Tabelle 2.10).

Japanisch	Aussprache	Übersetzung
Risa wa gakusei da.	*ri-sa wa ga-ku-seh da*	Lisa ist Studentin.
Risa wa gakusei ja nai.	*ri-sa wa ga-ku-seh dscha nei*	Lisa ist keine Studentin.
Risa wa gakusei datta.	*ri-sa wa ga-ku-seh dat-ta*	Lisa war Studentin.
Risa wa gakusei ja nakatta.	*ri-sa wa ga-ku-seh dscha na-kat-ta*	Lisa war keine Studentin.

Tabelle 2.10: Nomen + »desu« im informell-einfachen Stil

Im alltäglichen Sprachgebrauch werden Sie bei der Verneinung von **desu** beziehungsweise **da** vorwiegend auf **ja** (*dscha*) treffen, das sich aus **de wa** gebildet hat. Seien Sie aber darauf vorbereitet, statt **ja** ab und zu auch **de wa** zu hören, also beispielsweise statt **gakusei ja arimasen** auch **gakusei de wa arimasen**.

Zwei verschiedene Gruppen von Adjektiven

Im Deutschen können Adjektive attributiv vor einem Nomen (ein gutes Buch) oder am Satzende als Teil des Prädikats (das Buch ist gut) stehen, und japanische Adjektive unterscheiden sich darin nicht von ihren deutschen Gegenstücken. Allerdings enden vor einem Nomen alle japanischen Adjektive in ihrer Grundform entweder auf **i** oder auf **na**, sodass die Einteilung in die beiden Gruppen i-Adjektive und na-Adjektive ein durchaus naheliegender Gedanke ist – außerdem werden Sie feststellen, dass Sie sich nicht mit Deklinationstabellen abmühen müssen:

- ✔ **kirei-na namae/hana/hon** (*ki-reh na na-ma-e/ha-na/hon*; ein schöner Name / eine schöne Blume / ein schönes Buch)

- ✔ **omoshiro-i eiga/kōgi/hon** (*o-mo-shi-reu eh-ga/koh-gi/hon*; ein interessanter Film / eine interessante Vorlesung / ein interessantes Buch)

Es lässt sich kaum eine durchgängige Gemeinsamkeit ausmachen, warum ein Adjektiv nun zu der einen und nicht zu der anderen Gruppe zählt, auch bedeutungsverwandte Adjektive wie **taka-i** (*ta-kei*; teuer) und **kōka-na** (*koh-ka na*; teuer) finden sich nicht in der gleichen Gruppe wieder.

Gemeinsam ist den Adjektiven aber, dass sie vor **i** beziehungsweise **na** einen unveränderlichen Stamm besitzen, den ich zur besseren Übersicht nur noch bis Tabelle 2.11 mit einem Bindestrich kenntlich mache. Gewöhnlich wird in der Umschrift aber das **i** direkt an den Stamm angefügt, das **na** jedoch nicht: **takai** und **kōka na**.

Sie argwöhnen zu Recht: Ein unveränderlicher Adjektivstamm weist wohl darauf hin, dass **i** und **na** nicht immer **i** und **na** bleiben. Vor allem wenn die Adjektive am Satzschluss stehen, spielen Zeit, Verneinung und Stilebene eine entscheidende Rolle. Schauen Sie sich in Tabelle 2.11 an, wie sich in dem schon bekannten Satzmuster **A wa B desu** (A ist B) **takai** und **kōka na** jeweils verändern.

Stil	Beispielsatz	i-Adjektiv	na-Adjektiv
informell-einfach			
	das Buch ist teuer	hon wa taka-i	hon wa kōka da
	das Buch ist nicht teuer	hon wa taka-kunai	hon wa kōka ja nai
	das Buch war teuer	hon wa taka-katta	hon wa kōka datta
	das Buch war nicht teuer	hon wa taka-kunakatta	hon wa kōka ja nakatta
höflich-neutral			
	das Buch ist teuer	hon wa taka-i desu	hon wa kōka desu
	das Buch ist nicht teuer	hon wa taka-kunai desu oder hon wa taka-ku arimasen	hon wa kōka ja nai desu oder hon wa kōka ja arimasen
	das Buch war teuer	hon wa taka-katta desu	hon wa kōka deshita
	das Buch war nicht teuer	hon wa taka-kunakatta desu oder hon wa taka-ku arimasen deshita	hon wa kōka ja nakatta desu oder hon wa kōka ja arimasen deshita

Tabelle 2.11: i- und na-Adjektive am Satzschluss

Ihnen wurde **da** beziehungsweise **desu** als Entsprechungen für »sein« vorgestellt, aber Sie sehen, dass Sie sich darauf nicht immer verlassen können. Die Bedeutung von »sein« als Prädikatsfunktion ist bei den i-Adjektiven bereits in **i**, **kunai**, **katta** und **kunakatta** enthalten, sodass

✔ im informell-einfachen Stil kein **da** stehen darf: **takai** heißt entweder »teuer« oder am Satzschluss »teuer sein«.

✔ im höflich-neutralen Stil **desu** nur den Hinweis auf die Stilebene gibt und daher auch bei Negation oder Vergangenheit unverändert bleibt: **takakunai desu** (es ist nicht teuer) oder **takakatta desu** (es war teuer).

Wenn die Adjektive nicht am Satzschluss, sondern vor einem Nomen stehen, greift hingegen wieder das Schema **A wa B desu**: Sie setzen vor B das Adjektiv je nach Gruppenzugehörigkeit entweder mit **i** oder **na**, während Sie **desu** beziehungsweise **da** wie in den Tabellen 2.9 und 2.10 aufgeführt sowohl zum Ausdruck des Prädikats als auch der Stilebene benötigen. Hier noch einmal kurz am Beispiel von »Das war ein teures Buch« gezeigt, zunächst im höflich-neutralen, dann im informell-einfachen Stil:

✔ **Kore wa takai hon deshita.** und **Kore wa kōka na hon deshita.**

✔ **Kore wa takai hon datta.** und **Kore wa kōka na hon datta.**

Das am häufigsten vorkommende unregelmäßige Adjektiv lautet **ii** (*ih*; gut). Das erste **i** ist der – diesmal ausnahmsweise veränderliche – Stamm; das zweite **i** verändert sich wie bei allen anderen i-Adjektiven auch. Den Stamm **i** gibt es nur in der Gegenwartsform bejahend vor einem Nomen oder am Satzschluss, bei allen anderen wird **i** zu **yo**:

2 ▶ Grammatik auf Sparflamme: Die wichtigsten Grundlagen

✔ **Kore wa ii jisho desu.** (*ko-re wa ih dschi-sho de-su*; Das ist ein gutes Wörterbuch.)

✔ **Jisho wa ii desu.** (*dschi-sho wa ih de-su*; Das Wörterbuch ist gut.)

✔ **Jisho wa yokunai desu/yoku arimasen.** (*dschi-sho wa yo-ku-nei de-su/yo-ku a-ri-ma-sen*; Das Wörterbuch ist nicht gut.)

✔ **Jisho wa yokatta desu.** (*dschi-sho wa yo-kat-ta de-su*; Das Wörterbuch war gut.)

Nachdem Sie nun über die verschiedenen Adjektive Bescheid wissen, ist eine Frage vielleicht noch geblieben: Warum zählt das na-Adjektiv **kirei** (*ki-reh*; schön) eigentlich nicht zu den i-Adjektiven, obwohl es doch auf i endet?

Kirei setzt sich nicht aus einem unveränderlichen Stamm **kire** + veränderlichen **i** zusammen, sondern besteht aus den beiden **kanji** (*kan-dschi*; sino-japanischen Schriftzeichen) **ki** + **rei**, die gemeinsam den unveränderlichen Wortstamm bilden.

Mit japanischen Zahlen jonglieren

3

> **In diesem Kapitel**
> ✔ Mühelos bis Hunderttausend zählen
> ✔ Jahr, Monat, Woche und Tag bestimmen
> ✔ Die Uhrzeit nennen
> ✔ Mit Geld umgehen

Die japanischen Zahlen

Auch wenn das Zählen eher zu den weniger aufregenden Aufgaben gehören und die Freude darüber, den japanischen Wortschatz um 100.000 Wörter erweitert zu haben, sich in Grenzen halten mag, so gibt es im japanischen Zahlensystem doch einige spannende Unterschiede zum Deutschen, die die ganze Sache wieder interessanter erscheinen lassen. Doch alles der Reihe nach, zunächst die Zahlen von eins bis zehn.

Die Zahlen von 1 bis 10

Die Alternativen bei vier, sieben und neun werden gewöhnlich nur benutzt, wenn es darum geht, zu nummerieren oder zu rechnen, nicht um Dinge aufzuzählen.

Die Zahlen von 11 bis 99

Das japanische Zahlensystem kommt nicht ohne hinderliche Eigenheiten daher, besonders wenn es sich um Drei, Fünf und

Zahl	Japanisch/Aussprache	Zahl	Japanisch/Aussprache
1	**ichi** (*i-tchi*)	6	**roku** (*ro-ku*)
2	**ni** (*ni*)	7	**nana** (*na-na*) oder **shichi** (*shi-tchi*)
3	**san** (*san*)	8	**hachi** (*ha-tchi*)
4	**yon** (*yon*) oder **shi** (*shi*)	9	**kyū** (*kyuh*) oder **ku** (*ku*)
5	**go** (*go*)	10	**jū** (*dschuh*)

Tabelle 3.1: Japanische Zahlen von eins bis zehn

Sieben als »Glücks-« und Vier und Neun als »Unglückszahlen« handelt. Da vier als *shi* ausgesprochen wie das Wort für Tod und neun als *ku* ausgesprochen wie das Wort für Leiden klingen, sollten Sie niemals ein vierteiliges Geschenk mitbringen oder jemandem ausgerechnet vier Plätzchen anbieten wollen.

Gleichzeitig ist weiterhin aber alles sehr logisch aufgebaut: Für eine beliebige Zahl zwischen 11 und 99 brauchen Sie nichts weiter zu tun, als die Zahlen von eins bis zehn auf einfachste Weise miteinander zu kombinieren:

- ✔ 11 ist **jūichi** (*dschuh-i-tchi*) – »zehn-eins«, 10 (jū) + 1 (ichi)

- ✔ 12 ist **jūni** (*dschuh-ni*) – »zehn-zwei«, 10 (jū) + 2 (ni)

- ✔ 20 ist **nijū** (*ni-dschuh*) – »zwei-zehn«, zwei Zehner

- ✔ 21 ist **nijū-ichi** (*ni-dschuh i-tchi*) – »zwei-zehn-eins«, zwei Zehner + 1

und genau nach diesem Schema geht es weiter, bis Sie bei **kyūjū-kyū** (*kyuh-dschuh kyuh*; 99, »neun-zehn-neun«, neun Zehner + 9) angekommen sind.

»Neun-zehn-neun« gibt die wörtliche Übersetzung wieder, Sie können sich aber auch »neun Zehner und einen Neuner« vorstellen. Bezüglich der Bindestriche bei der Umschrift sollten Sie die Zahlen der Zehnerreihe zusammenschreiben, dann die der Einerreihe mit Bindestrich anfügen: **rokujū-ni** (*ro-ku-dschuh ni*; zweiundsechzig). Falls Sie sich später auch mit der japanischen Schrift beschäftigen, so gibt es dort keine Bindestriche zwischen den Zahlen, sondern wie bei uns stehen arabische Ziffern oder – nicht wie bei uns – die **kanji** (*kan-dschi*; sino-japanische Schriftzeichen) für sechs, zehn und zwei oder nur sechs und zwei.

Die Zahlen von 100 bis 9999

Sie kommen nicht daran vorbei, sich auch die Zahlen ab hundert ein bisschen näher anzuschauen, denn mit 100 Yen in der Tasche wird es schwierig, Ihren Einkaufswagen zu füllen: 100 Yen entsprechen ungefähr 1 Euro.

Glücklicherweise setzen sich die Zahlen nach dem gleichen Muster zusammen wie die Zahlen von 11 bis 99, Sie müssen auch nicht »zehnzehn« für hundert sagen, sondern es gibt dafür ein eigenes Wort: **hyaku** (*hya-ku*). Zweihundert wären dann **nihyaku** (*ni-hya-ku*), zweihundertfünfzig **nihyaku-gojū** (*ni-hyaku go-dschuh*) und zweihundertsechsundfünfzig **nihyaku-gojū-roku** (*ni-hya-ku go-dschuh ro-ku*) – »zwei-hundert-fünf-zehn-sechs« oder »zwei Hunderter, fünf Zehner und ein Sechser«.

Für tausend steht mit **sen** (*sen*) wieder ein eigenes Wort zur Verfügung, und alles beginnt von vorn: zweitausend ist **ni-**

sen (*ni-sen*) und so weiter. Auch neuntausendneunhundertneunundneunzig stellt nun keine größere Herausforderung mehr dar: **kyūsen-kyūhyaku-kyūjū-kyū** (*kyuh-sen kyuh-hyaku kyuh-dschuh kyuh*).

Wäre ein solch gradliniges System ohne Ausnahmen vielleicht nicht ein klein wenig zu langweilig? Zugegeben, viele sind es nicht, aber auch die wollen im Kopf behalten werden:

- ✔ **sambyaku** (*sam-bya-ku*; dreihundert), **roppyaku** (*rop-pya-ku*; sechshundert) und **happyaku** (*hap-pya-ku*; achthundert) – denken Sie bei **sambyaku** an die Regeln beim Zusammentreffen von **n** und **b**.

- ✔ **sanzen** (*san-zen*; dreitausend) und **hassen** (*hassen*; achttausend) – denken Sie bei **sanzen** daran, dass **z** wie ein stimmhaftes **s** und nicht wie ein deutsches **z** ausgesprochen wird, bei **hassen** daran, dass die korrekte Aussprache *has-sen* lautet, es hat nichts mit dem deutschen Verb »hassen« zu tun.

Vergleichen Sie hierzu Tabelle 3.2.

Die Zahlen von 10.000 bis 100.000

Sicher ist es schön, einen 10.000-Yen-Schein im Portemonnaie zu haben, aber wenn Sie sich den Wechselkurs ins Gedächtnis rufen, wissen Sie, dass Sie leider zwei Nullen streichen müssen, um den Gegenwert in Euro zu erhalten. Das wiederum heißt, dass die Zahlen ab 10.000 durchaus zum japanischen Alltag gehören und hier nicht ganz beiseitege-

Zahl	Japanisch/Aussprache	Zahl	Japanisch/Aussprache
100	**hyaku** (*hya-ku*)	1000	**sen** (*sen*)
200	**nihyaku** (*ni-hya-ku*)	2000	**nisen** (*ni-sen*)
300	**sambyaku** (*sam-bya-ku*)	3000	**sanzen** (*san-zen*)
400	**yonhyaku** (*yon-hya-ku*)	4000	**yonsen** (*yon-sen*)
500	**gohyaku** (*go-hya-ku*)	5000	**gosen** (*go-sen*)
600	**roppyaku** (*rop-pya-ku*)	6000	**rokusen** (*ro-ku-sen*)
700	**nanahyaku** (*na-na-hya-ku*)	7000	**nanasen** (*na-na-sen*)
800	**happyaku** (*hap-pya-ku*)	8000	**hassen** (*has-sen*)
900	**kyūhyaku** (*kyuh-hya-ku*)	9000	**kyūsen** (*kyuh-sen*)

Tabelle 3.2: Japanische Zahlen – Hunderter und Tausender

schoben werden dürfen. Die gute Nachricht ist, dass Ihnen wieder das bekannte Muster zur Verfügung steht, um auch diese Zahlen recht einfach bilden zu können.

Als weniger gute Nachricht werden Sie es vielleicht einstufen, dass es für die Einheit zehntausend mit **man** (*man*) ein eigenes Zahlwort gibt – daher ist im Japanischen 10.000 nicht **jūsen** (wörtlich: zehn-tausend) oder 20.000 nicht **nijūsen** (wörtlich: zweizehn-tausend), sondern die Zählung beginnt bei eins: **ichiman** (*i-tchi-man*; wörtlich: eins-zehntausend) beziehungsweise **niman** (*ni-man*; wörtlich: zwei-zehntausend). In Tabelle 3.3 sehen Sie, dass das Japanische ohne eigenes Zahlwort für Million auskommt, dafür aber mit **oku** (*o-ku*) eines für einhundert Millionen bereithält.

Kein eigenes Zahlwort für Million bedeutet, dass Sie die Zahl aus den Elementen zusammenstellen müssen, die Ihnen hierfür zur Verfügung stehen: Über **ichiman** (*i-tchi-man*; wörtlich: eins-zehntausend)

Zahl	Deutsch	Japanisch
10	zehn	jū
100	hundert	hyaku
1 000	tausend	sen
10 000	keine Entsprechung	man
1 000 000	Million	keine Entsprechung
100 000 000	keine Entsprechung	oku

Tabelle 3.3: Deutsche und japanische Zahlwörter

> 10.000 und **jūman** (*dschuh-man*; wörtlich: zehn-zehntausend) 100.000 kommen Sie zu **hyakuman** (*hya-ku-man*; wörtlich: hundert-zehntausend) 1.000.000.

Achten Sie in Tabelle 3.4 auf die Aussprache bei dreißig- und vierzigtausend und auf die Bildung von 100.000, die nicht durch **hyakusen** (wörtlich: hundert-tausend) erfolgt, sondern durch **jūman** (*dschuh-man*; zehn-zehntausend).

Zahl	Japanisch/Aussprache	Zahl	Japanisch/Aussprache
10.000	**ichiman** (*i-tchi-man*)	60.000	**rokuman** (*ro-ku-man*)
20.000	**niman** (*ni-man*)	70.000	**nanaman** (*na-na-man*)
30.000	**samman** (*sam-man*)	80.000	**hachiman** (*ha-tchi-man*)
40.000	**yomman** (*yom-man*)	90.000	**kyūman** (*kyuh-man*)
50.000	**goman** (*go-man*)	100.000	**jūman** (*dschuh-man*)

Tabelle 3.4: Japanische Zahlen – Zehntausender

Zählen mit Zählwörtern

»Ich habe vorhin einen Sake getrunken.« So genau wissen Sie jetzt nicht, ob Ihr Gesprächspartner nun ein »Glas« oder eine »Flasche« Reiswein zu sich genommen hat, auch wenn Sprechweise und Verhalten Sie sicher auf die richtige Spur führen werden. Ebenso bleiben Sie zunächst im Unklaren, auf wie viel Süßes Sie sich freuen können, wenn es heißt: »Ich bringe dann zwei Kuchen mit.« Zwei ganze oder zwei »Stück«? »Glas«, »Flasche« und »Stück« sind wie »Blatt« in zwei Blatt Papier oder »Paar« in zwei Paar Schuhe nützliche Zähleinheitswörter, um eine angegebene Menge näher zu bestimmen.

Im Japanischen verhält es sich eigentlich nicht anders, nur dass Sie an jede Zahl ein besonderes Zählwort anfügen müssen, außer Sie geben einfach Nummern wieder oder befinden sich im Bereich der Mathematik. Damit brauchen Sie für alles ein Zählwort, was aber kein Grund zu größerer Besorgnis ist – nicht jede einzelne Person oder jedes einzelne Ding besitzt ein eigenes Zählwort, manche zwar schon, aber meistens umfasst ein Zählwort eine Gruppe von Dingen, die durch eine gemeinsame Eigenschaft miteinander verbunden sind, sei es Form, Größe oder Beschaffenheit.

Nehmen Sie das Zählwort **-dai** (*dei*): Nach dem Muster Zahl + Zählwort zählen Sie damit alles, was im weitesten Sinne unter den Oberbegriff Geräte und Maschinen fallen könnte, also beispielsweise auch Autos. Ein Auto, zwei Autos, drei Autos wären dann statt **ichi**, **ni**, **san** korrekt **ichidai** (*i-tchi-dei*), **nidai** (*ni-dei*), **sandai** (*san-dei*). Würden Sie nun aber zylinderförmige Gegenstände zählen wollen, käme **-dai** als Zählwort nicht mehr infrage, stattdessen müssten Sie **-hon** (*hon*) wählen. Für kleinere Tiere und Insekten stünde Ihnen **-hiki** (*hi-ki*) zur Verfügung.

Trotz aller Einteilungen gibt es natürlich auch immer wieder Dinge, auf die sowohl das eine als auch das andere Zählwort passen könnte. Gehen Sie einmal auf den Fischmarkt und verlangen Sie fünf Makrelen! Je nach Alter, Landstrich oder persönlicher Vorliebe werden Sie entweder **gohon** (*go-hon*) oder **gohiki** (*go-hi-ki*) verwenden können.

In Tabelle 3.5 finden Sie eine Auswahl der gebräuchlichsten Zählwörter und einige beispielhafte Anwendungen.

Zählwort	Anwendung	Beispiele
-dai (*dei*)	Geräte und Maschinen	Autos, Fahrräder, Kühlschränke, Telefone, Computer
-hiki (*hi-ki*)	kleinere Tiere	Hunde, Katzen, Fische, Insekten
-hon (*hon*)	zylinderförmige Gegenstände	Stifte, Regenschirme, Bananen, Flaschen
-mai (*mei*)	flache Gegenstände	Blätter, Zettel, Papier, Briefmarken, Visitenkarten
-nin (*nin*)	Menschen	Männer, Frauen, Kinder, Personen
-tsu (*tsu*) nur zusammen mit rein japanischen Zahlen	Dinge und Gegenstände ohne eigenes Zählwort	Möbel, Äpfel, Taschen

Tabelle 3.5: Ausgewählte japanische Zählwörter

Die Zahlen, die Sie bisher kennengelernt haben und die in vielen Bereichen des täglichen Lebens angewandt werden, sind fast alle chinesischen Ursprungs. Von eins bis zehn gibt es aber auch ureigene japanische Zahlen – **hito-** (*hito*), **futa-** (*futa*), **mi-** (*mi*), **yo-** (*yo*), **itsu-** (*i-tsu*), **mu-** (*mu*), **nana-** (*na-na*), **ya-** (*ya-*), **kokono-** (*ko-ko-no*) und **tō** (*toh*) –, die bis auf die Zehn nicht allein stehen können und oft mit dem Zählwort -**tsu** verbunden sind, sodass Sie sich diese Zahlen gleich in der Form wie in Tabelle 3.6 merken sollten. Damit haben Sie zugleich eine sehr praktische Möglichkeit zur Hand, die verschiedenen Dinge zu zählen, die kein eigenes Zählwort besitzen, schwierig zuzuordnen sind oder wenn Sie das zugehörige Zählwort vergessen haben.

Lassen Sie sich nicht dazu verleiten, mit den rein japanischen Zahlen nun alles und jedes zählen zu wollen. Es ist kein Beinbruch, wenn Sie das korrekte Zählwort für Sänften nicht kennen, sollten Sie die gängigsten Zählwörter aber ständig durch rein japanische Zahlen und **-tsu** ersetzen, hören Sie sich an wie ein Kleinkind im Vorschulalter, das noch nicht richtig zählen kann, und einen solchen Eindruck wollen Sie sicher nicht hinterlassen.

In Tabelle 3.6 sehen Sie, wie Zahlen und Zählwörter verbunden werden, zur Verdeutlichung durch einen Bindestrich getrennt. Achten Sie auf die bei **-hiki** und **-hon** vorkommenden gleichen Aussprachebesonderheiten und auf die beiden Ausnahmen bei **-nin**.

Zahl	-dai Geräte und Maschinen	-hiki kleinere Tiere	-hon zylinderförmige Gegenstände	-mai flache Gegenstände	-nin Menschen	-tsu Verschiedenes
1 ichi	ichi-dai	ip-piki	ip-pon	ichi-mai	hitori	hito-tsu
2 ni	ni-dai	ni-hiki	ni-hon	ni-mai	futari	futa-tsu
3 san	san-dai	sam-biki	sam-bon	sam-mai	san-nin	mit-tsu
4 yon	yon-dai	yon-hiki	yon-hon	yom-mai	yo-nin	yot-tsu
5 go	go-dai	go-hiki	go-hon	go-mai	go-nin	itsu-tsu
6 roku	roku-dai	rop-piki	rop-pon	roku-mai	roku-nin	mut-tsu
7 nana	nana-dai	nana-hiki	nana-hon	nana-mai	nana-nin	nana-tsu
8 hachi	hachi-dai	hap-piki	hap-pon	hachi-mai	hachi-nin	yat-tsu
9 kyū	kyū-dai	kyū-hiki	kyū-hon	kyū-mai	kyū-nin	kokono-tsu
10 jū	jū-dai	jup-piki	jup-pon	jū-mai	jū-nin	tō

Tabelle 3.6: Zählen mit Zählwörtern

Von Januar bis Dezember und Monate zählen

Obwohl Mond und Monat im Japanischen **tsuki** (*tsu-ki*) heißt, kommt es kaum zu Verwechslungen, weil es für die Monatsnamen und die Monatszählungen noch andere Wörter gibt. Was sich im ersten Moment nach zusätzlichen Vokabeln anhört, entpuppt sich allerdings als eine Vereinfachung, da die Monatsnamen nichts mit römischen Göttern, Kaisern und Zahlen zu tun haben, sondern wie in Tabelle 3.7 aufgelistet ganz einfach von **ichi** (*i-tchi*; eins) bis **jūni** (*dschuh-ni*;

zwölf) durchgezählt werden, angehängt wird lediglich das Suffix **-gatsu** (*ga-tsu*).

Monat	Japanisch	Aussprache
Januar	ichigatsu	*i-tchi-ga-tsu*
Februar	nigatsu	*ni-ga-tsu*
März	sangatsu	*san-ga-tsu*
April	shigatsu	*shi-ga-tsu*
Mai	gogatsu	*go-ga-tsu*
Juni	rokugatsu	*ro-ku-ga-tsu*
Juli	shichigatsu	*shi-tchi-ga-tsu*
August	hachigatsu	*ha-tchi-ga-tsu*
September	kugatsu	*ku-ga-tsu*
Oktober	jūgatsu	*dschuh-ga-tsu*
November	jūichigatsu	*dschuh-i-tchi-ga-tsu*
Dezember	jūnigatsu	*dschuh-ni-ga-tsu*

Tabelle 3.7: Japanische Monatsnamen

Sie haben sich sicher über **shigatsu** als Bezeichnung für April gewundert, denn Sie erinnern sich, dass **shi** (*shi*; vier) so wie **shi** (*shi*; Tod) klingt und diese Aussprache für die Zahl vier vermieden wird und stattdessen **yon** (*yon*; vier) den Vorzug erhält. Der Monatsname ist tatsächlich eine große Ausnahme.

Die Zählweise von Monaten folgt einem ähnlichen Schema. Sie ersetzen für »ein Monat«, »zwei Monate«, »drei Monate« das Suffix **-gatsu** (*ga-tsu*) durch **-kagetsu** (*ka-ge-tsu*) – seltener durch **-kagetsukan** (*ka-ge-tsu-kan*) – und müssen nur bei der Aussprache auf ein paar Ausnahmen aufpassen. Achten Sie in Tabelle 3.8 besonders auf eins, sechs, neun und zehn.

Deutsch	Japanisch	Aussprache
ein Monat	ikkagetsu	*ik-ka-ge-tsu*
zwei Monate	nikatesu	*ni-ka-ge-tsu*
drei Monate	sankagetsu	*san-ka-ge-tsu*
vier Monate	yonkagetsu	*yon-ka-ge-tsu*
fünf Monate	gokagetsu	*go-ka-ge-tsu*
sechs Monate	rokkagetsu	*rok-ka-ge-tsu*
sieben Monate	nanakagetsu	*na-na-ka-ge-tsu*
acht Monate	hachikagetsu	*ha-tchi-ka-ge-tsu*
neun Monate	kyūkagetsu	*kyuh-ka-ge-tsu*
zehn Monate	jukkagetsu	*dschuk-ka-ge-tsu*

Tabelle 3.8: Zählung von Monaten

Vom Ersten bis zum Letzten des Monats

Die Tage eines Monats haben ein eigenes Zählwort, und so richtig regelmäßig ist die Zählweise auch nicht. Überzeugen Sie sich davon in Tabelle 3.9, aber sehen Sie es positiv: Wie bei uns gibt es nicht mehr als 31 Tage.

Tag	Japanisch	Aussprache
1.	tsuitachi	*tsui-ta-tchi*
2.	futsuka	*fu-tsu-ka*
3.	mikka	*mik-ka*
4.	yokka	*yok-ka*
5.	itsuka	*i-tsu-ka*
6.	muika	*mui-ka*

3 ➤ Mit japanischen Zahlen jonglieren **73**

Tag	Japanisch	Aussprache
7.	nanoka	*na-no-ka*
8.	yōka	*yoh-ka*
9.	kokonoka	*ko-ko-no-ka*
10.	tōka	*toh-ka*
11.	11-nichi	*dschuh-i-tchi-ni-tchi*
12.	12-nichi	*dschuh-ni-ni-tchi*
13.	13-nichi	*dschuh-san-ni-tchi*
14.	jūyokka	*dschuh-yok-ka*
15.	15-nichi	*dschuh-go-ni-tchi*
16.	16-nichi	*dschuh-roku-ni-tchi*
17.	17-nichi	*dschuh-shi-tchi-ni-tchi*
18.	18-nichi	*dschuh-ha-tchi-ni-tchi*
19.	19-nichi	*dchuh-ku-ni-tchi*
20.	hatsuka	*ha-tsu-ka*
21.	21-nichi	*ni-dschuh-i-tchi-ni-tchi*
22.	22-nichi	*ni-dschuh-ni-ni-tchi*
23.	23-nichi	*ni-dschuh-san-ni-tchi*
24.	nijūyokka	*ni dschuh yok-ka*
25.	25-nichi	*ni-dschuh-go-ni-tchi*
26.	26-nichi	*ni-dschuh-ro-ku-ni-tchi*
27.	27-nichi	*ni-dschuh-shi-tchi-ni-tchi*
28.	28-nichi	*ni-dschuh-ha-tchi-ni-tchi*
29.	29-nichi	*ni-dschuh-ku-ni-tchi*
30.	30-nichi	*san-dschuh-ni-tchi*
31.	31-nichi	*san-dschuh-i-tchi-ni-tchi*

Tabelle 3.9: Japanische Tage vom Ersten bis zum Letzten des Monats

Mit Tabelle 3.9 können Sie jedoch nicht nur die Tage eines Monats auf Japanisch benennen, sondern ebenso eine Anzahl von Tagen: **futsuka** kann der zweite Tag des Monats oder zwei Tage bedeuten, **12-nichi** der zwölfte Tag des Monats oder zwölf Tage. Um die Angaben unzweideutig voneinander zu unterscheiden, fügen Sie das Suffix **-kan** (*kan*) hinzu: **futsukakan** (*fu-tsu-ka-kan*; zwei Tage), **12-nichikan** (*dschuh-ni-ni-tchi-kan*; zwölf Tage). Nur eine einzige Ausnahme: **tsuitachi** (*tsui-ta-tchi*) ist immer der Erste des Monats, »ein Tag« ist **ichinichi** (*i-tchi-ni-tchi*) oder **ichinichikan** (*i-tchi-ni-tchi-kan).*

Jahre zählen

Um ein **toshi** (*to-shi*; Jahr) anzugeben, benötigen Sie die Zahlen, so wie Sie sie bisher gelernt haben, und das Zählwort **-nen** (*nen*): **1998-nen** (*sen kyuh-hya-ku kyuh-dschuh-ha-tchi-nen*; 1998), **2002-nen** (*ni-sen ni-nen*; 2002) oder **2012-nen** (*ni-sen dschuh-ni-nen*; 2012).

Wundern Sie sich aber nicht, sollten Sie – vor allem in amtlichen Dokumenten – auf eine andere Art der Datumsangabe stoßen: Statt **1998-nen** heißt es **Heisei 10-nen** (*heh-seh dschuh-nen*), statt **2002-nen Heisei 14-nen** (*heh-seh dschuh-yo-nen*) und statt **2012-nen Heisei 24-nen** (*heh-seh ni-dschuh-yo-nen*) – dann befinden Sie sich im **nengō**-System (*nen-goh*; Äranamen- oder Jahresdevisensystem): Mit der Thronbesteigung eines neuen Kaisers wird gleichzeitig ein neues **nengō** bestimmt, **Heisei 24-nen** bedeutet demnach das 24. Jahr der Heisei-Ära, die 1989 begann.

Beim Zählen von Jahren ist es wieder das Suffix **-kan** (*kan*), das benötigt, im Gespräch aber oft auch weggelassen wird: **ichinen/ichinenkan** (*i-tchi-nen/i-tchi-nen-kan*; ein Jahr), **ninen/ninenkan** (*ni-nen/ni-nen-kan*; zwei Jahre), **sannen/sannenkan** (*san-nen/san-nen-kan*; drei Jahre).

Ein Datum angeben

Im Japanischen geben Sie ein Datum in der Reihenfolge **toshi** (*to-shi*; Jahr) **tsuki** (*tsu-ki*; Monat) **hi** (*hi*; Tag) **yōbi** (*yoh-bi*; Wochentag) an, also von der größten zur kleinsten Einheit. Mittwoch, der 29. August 2012 ist dann **2012-nen 8-gatsu 29-nichi suiyōbi** (*ni-sen-dschuh-ni-nen ha-tchi-ga-tsu ni-dschuh-ku-ni-tchi sui-yoh-bi*).

Zeitausdrücke können Sie an eine beliebige Stelle im Satz einfügen, solange sie sich vor dem Verb und auch nicht zwischen festen Verbindungen wie beispielsweise Nomen und dazugehörige Partikel befinden. Absolute Zeitangaben wie **getsuyōbi** (*ge-tsu-yoh-bi*; Montag), **4-gatsu** (*shi-ga-tsu*; April) oder **7-ji** (*shi-tchi-dschi*; 7 Uhr) stehen zusammen mit der Partikel **ni** (*ni*; am, im, um), ungeachtet dessen, wie oft diese Partikel im Satz in anderer Funktion vorkommen mag.

Relative Zeitangaben wie **kyonen** (*kyo-nen*; letztes Jahr), **kyō** (*kyoh*; heute) oder **raishū** (*rei-shuh*; nächste Woche) kommen ohne Zusatz der Partikel **ni** aus.

✔ **12-gatsu 28-nichi ni ikimasu.** (*dschuh-ni-ga-tsu ni-dschuh-ha-tchi-ni-tchi ni i-ki-ma-su*; Ich fahre am 28. Dezember.)

- ✔ **1989-nen ni Hawai ni ikimashita.** (*sen-kyuh-hyaku-hatchi-dschuh-kyuh-nen ni ha-wei ni i-ki-ma-shta*; 1989 bin ich nach Hawaii geflogen.)

- ✔ **Nangatsu ni umaremashita ka.** (*nan-ga-tsu ni u-ma-re-ma-shta ka*; In welchem Monat sind Sie geboren?)

- ✔ **Kyō eiga o mimasu.** (*kyoh eh-ga o mi-ma-su*; Heute schaue ich mir einen Film an.)

- ✔ **Senshū o-kane o haraimashita.** (*sen-shuh o-ka-ne o ha-rei-ma-shta*; Letzte Woche habe ich das Geld bezahlt.)

Um mehrere Tätigkeiten hintereinander aufzuführen und diese mit »und« zu verknüpfen, können Sie nicht auf die Partikel **to** (*to*) zurückgreifen, die nur zwischen Nomen als »und« fungiert: **sushi to o-sake** (*su-shi to o-sa-ke*; Sushi und Reiswein). Stattdessen setzen Sie bis auf das Schlussverb alle Verben in die te-Form (*te*; und), während das Schlussverb sowohl die Höflichkeitsstufe als auch die Zeit des gesamten Satzes bestimmt:

- ✔ **Kinō wa 9-ji ni ginkō ni itte, 10-ji ni depāto ni itte, 5-ji ni kaerimashita.** (*ki-noh wa ku-dschi ni gin-koh ni it-te, dschuh-dschi ni de-pah-to ni it-te, go-dschi ni kae-ri-ma-shta*; Gestern bin ich um 9 Uhr zur Bank gegangen, um 10 Uhr ins Kaufhaus und um 17 Uhr zurückgekommen.)

- ✔ **15-nichi ni itte, 18-nichi ni kaerimasu.** (*dschuh-go-ni-tchi ni it-te, dschuh-ha-tchi-ni-tchi ni kae-ri-ma-su*; Ich fahre am 15. und komme am 18. zurück.)

- ✔ **Raigetsu Furansu ni itte, Supein ni itte, Itaria ni ikimasu.** (*rei-ge-tsu fu-ran-su ni it-te, su-pehn ni it-te,* *i-ta-ri-a ni i-ki-ma-su*; Nächsten Monat fahre ich nach Frankreich, nach Spanien und nach Italien.)

Kleiner Wortschatz

hi	*hi*	Tag
ryokō	*ryo-koh*	Reise
shū	*shuh*	Woche
toshi	*to-shi*	Jahr
tsuki	*tsu-ki*	Monat; Mond
yōbi	*yoh-bi*	Wochentag

Japan im Wandel der Jahreszeiten

Jede der **shiki** (*shi-ki*; vier Jahreszeiten) in Japan hat ihren besonderen Reiz, ob Sie im **haru** (*ha-ru*; Frühling) die **hanami** (*ha-na-mi*; Kirschblütenschau) miterleben, im **natsu** (*na-tsu*; Sommer) auf dem **inaka** (*i-na-ka*; Land) sich während des **Bon matsuri** (*bon ma-tsu-ri*; Bon-Fest; buddhistisches Totengedenken) in einen **Bon odori** (*bon o-do-ri*; Bon-Tanz) einreihen, im **aki** (*a-ki*; Herbst) in die **yama** (*ya-ma*; Berge) fahren, um **kōyō** (*koh-yoh*; das sich rot verfärbende Herbstlaub) zu bewundern, oder im **fuyu** (*fu-yu*; Winter) das **yuki matsuri** (*yu-ki ma-tsu-ri*; Schneefest) auf **Hokkaidō** (*hok-kei-doh*; Hokkaido, nördlichste der vier Hauptinseln) mit den faszinierenden Schnee- und Eisskulpturen besuchen.

Die Wochentage

Je nachdem, was alles in Ihrem Terminkalender steht, **isshūkan** (*ish-shuh-kan*; eine Woche) kann lang oder kurz sein, in der Regel ist es aber doch so, dass zumindest das **shūmatsu** (*shuh-ma-tsu*; Wochenende) viel zu schnell vorübergeht. Wie immer Sie Ihre Zeit einteilen mögen, auch in Japan stehen Ihnen nicht mehr als sieben verschiedene Tage zur Verfügung, die in Tabelle 3.10 von Montag bis Sonntag aufgelistet sind und alle auf **yōbi** (*yoh-bi*; Wochentag) enden.

Wochentag	Japanisch	Aussprache
Montag	getsuyōbi	*ge-tsu-yoh-bi*
Dienstag	kayōbi	*ka-yoh-bi*
Mittwoch	suiyōbi	*sui-yoh-bi*
Donnerstag	mokuyōbi	*mo-ku-yoh-bi*
Freitag	kinyōbi	*kin-yoh-bi*
Samstag	doyōbi	*do-yoh-bi*
Sonntag	nichiyōbi	*ni-tchi-yoh-bi*

Tabelle 3.10: Die japanischen Wochentage

Und wenn Sie vor lauter Terminen den Überblick verloren haben, können Sie sich mit **kyō wa nanyōbi desu ka** (*kyoh wa nan-yoh-bi de-su ka*; Welcher Tag ist heute?) wieder in das richtige Zeitgefüge einreihen. Die Wochentage passen natürlich auch zu Sätzen wie

✔ **Getsuyōbi kara kinyōbi made hatarakimasu.** (*ge-tsu-yoh-bi ka-ra kin-yoh-bi ma-de ha-ta-ra-ki-ma-su*; Ich arbeite von Montag bis Freitag.)

✔ **Konsāto wa doyōbi desu.** (*kon-sah-to wa do-yoh-bi de-su*; Das Konzert ist am Samstag.)

✔ **Nichiyōbi wa yukkuri shimasu.** (*ni-tchi-yoh-bi wa yuk-ku-ri shi-ma-su*; Der Sonntag ist bei mir ganz entspannt.)

und nicht zu vergessen die Antwort auf die obige Frage:

Kyō wa doyōbi desu. *(kyoh wa do-yoh-bi de-su*; Heute ist Samstag.)

Die Uhrzeit

Für die **jikoku** (*dschi-ko-ku*; [Uhr-]Zeit) werden die Zählwörter **-ji** (*dschi*; Stunde) und **-fun** beziehungsweise **-pun** (*fun/pun*; Minute) benutzt (siehe Tabelle 3.11):

Stunden	Minuten
1-ji (*i-tchi-dschi*; 1 Uhr)	1-pun (*ip-pun*; eine Minute)
2-ji (*ni-dschi*; 2 Uhr)	2-fun (*ni-fun*; zwei Minuten)
3-ji (*san-dschi*; 3 Uhr)	3-pun (*sam-pun*; drei Minuten)
4-ji (*yo-dschi*; 4 Uhr)	4-fun (*yon-fun*; vier Minuten)
5-ji (*go-dschi*; 5 Uhr)	5-fun (*go-fun*; fünf Minuten)
6-ji (*ro-ku-dschi*; 6 Uhr)	6-pun (*rop-pun*; sechs Minuten)
7-ji (*shi-tchi-dschi*; 7 Uhr)	7-fun (*na-na-fun*; sieben Minuten)
8-ji (*ha-tchi-dschi*; 8 Uhr)	8-pun (*hap-pun*; acht Minuten)
9-ji (*ku-dschi*; 9 Uhr)	9-fun (*kyuh-fun*; neun Minuten)
10-ji (*dschuh-dschi*; 10 Uhr)	10-pun (*dschup-pun*; zehn Minuten)
11-ji (*dschuh-i-tchi-dschi*; 11 Uhr)	11-pun (*dschuh-ip-pun*; elf Minuten)
12-ji (*dschuh-ni-dschi*; 12 Uhr)	12-fun (*dschuh-ni-fun*; zwölf Minuten)

Tabelle 3.11: Die japanische Zeitangabe: Stunden und Minuten

Wie im Englischen **a.m.** und **p.m.** können im Japanischen **gozen** (*go-zen*; Vormittag) und **gogo** (*go-go*; Nachmittag) verwendet werden, um zwischen vor und nach 12 Uhr zu unterscheiden, nur stehen **gozen** und **gogo** vor der jeweiligen Zeitangabe:

✔ **gozen 2-ji** (*go-zen ni-dschi*; 2:00 Uhr nachts)

✔ **gozen 9-ji 30-pun** (*go-zen ku-dschi san-dschup-pun*; 9:30 Uhr morgens)

✔ **gogo 3-ji 17-fun** (*go-go san-dschi dschuh-na-na-fun*; 3:17 Uhr nachmittags; 15:17 Uhr)

Im alltäglichen Gespräch werden Sie fast ausschließlich die Zahlen von eins bis zwölf hören, gegebenenfalls zusammen mit **gozen** oder **gogo**, bei Fahr- und Flugplänen oder auch im Fernsehprogramm erfolgt die Zeitangabe jedoch nach der 24-Stunden-Zählung, sodass **1-ji** (*i-tchi-dschi*) dort nur 1:00 Uhr nachts/morgens bedeutet und **13-ji** (*dschuh-san-dschi*) 13:00 Uhr.

Sollten Sie die Uhrzeit gerne mit »Viertel« oder »drei viertel« angeben, muss ich Sie leider enttäuschen, im Japanischen bleibt Ihnen nur **15-fun** (*dschuh-go-fun*; 15 Minuten), das Sie mit **mae** (*mae*; vor) beziehungsweise **sugi** (*su-gi*; nach) ergänzen, immerhin gibt es **han** (*han*; halb):

✔ **6-ji 15-fun mae** (*ro-ku-dschi dschuh-go-fun mae*; 5:45 Uhr, Viertel vor sechs, drei viertel sechs)

✔ **6-ji** (*ro-ku-dschi*; 6:00 Uhr)

✔ **6-ji 15-fun sugi** (*ro-ku-dschi dschuh-go-fun su-gi*; 6:15 Uhr, Viertel nach sechs, viertel sieben)

✔ **6-ji han** (*ro-ku-dschi han*; 6:30 Uhr, halb sieben)

Da **mae** (*mae*; vor) immer benutzt werden muss, wird **sugi** (*su-gi*; nach) oft weggelassen, sodass **6-ji 15-fun** stets auf **6-ji 15-fun sugi** verweist. Einen Fallstrick-Zeitangabe vor allem für deutsche Muttersprachler bietet **han** (*han*; halb): »Halb sechs« entspricht **5-ji han** (*go-dschi han*; wörtlich: 5 Uhr und halb) und nicht **6-ji han** (*ro-ku-dschi han*; wörtlich: 6 Uhr und halb).

Die harmlose Frage **ima nanji desu ka** (*i-ma nan-dschi de-su ka*; Wie viel Uhr ist es jetzt?) kann also durchaus das ein oder andere Stirnrunzeln verursachen, man gewöhnt sich aber recht schnell daran, ebenso wie an die Partikel **ni** (*ni*; um), **kara** (*ka-ra*; ab, von) und **made** (*ma-de*; bis), die nicht vor, sondern hinter einer Zeitangabe stehen:

✔ **Nanji kara desu ka. – 2-ji kara desu.** (*nan-dschi ka-ra de-su ka – ni-dschi ka-ra de-su*; Ab wie viel Uhr ist/beginnt es? – Ab 2 Uhr.)

✔ **Nanji made desu ka. – 2-ji made desu.** (*nan-dschi ma-de de-su ka – ni-dschi ma-de de-su*; Bis wie viel Uhr ist/dauert es? – Bis 2 Uhr.)

✔ **Konsāto wa nanji ni hajimarimasu ka.** (*kon-sah-to wa nan-dschi ni ha-dschi-ma-ri-ma-su ka*; Um wie viel Uhr fängt das Konzert an?)

✔ **Eiga wa 8-ji kara 10-ji made desu.** (*eh-ga wa ha-tchi-dschi kara dschuh-dschi ma-de de-su*; Der Film dauert/geht von 20 bis 22 Uhr.)

Muss man die Uhr eigentlich immer genau im Blick haben? Manchmal genügt auch einfach nur:

- ✔ **asa** (*a-sa*; Morgen)
- ✔ **hiru** (*hi-ru*; Mittag)
- ✔ **ban** (*ban*; Abend)
- ✔ **mayonaka** (*ma-yo-na-ka*; Mitternacht)

Kleiner Wortschatz

-fun	*fun*	Minute
gogo	*go-go*	Nachmittag
gozen	*go-zen*	Vormittag
han	*han*	halb
-ji	*dschi*	Uhr (nur Zeitangabe, zum Beispiel: 3 Uhr)
jikoku	*dschi-ko-ku*	Uhrzeit
mae	*mae*	vor
nanji	*nan-dschi*	wie viel Uhr
sugi	*su-gi*	nach (zeitlich)

Relative Zeitangaben

In Tabelle 3.12 stehen schließlich noch diejenigen Ausdrücke, mit denen Sie einen Zeitraum in einen vorigen oder kommenden Bezug zum Jetzt setzen können.

vorig	laufend	kommend
sakki (*sak-ki*; vorhin, vor Kurzem)	ima (*i-ma*; jetzt)	chotto ato (*tchot-to a-to*; kurz danach, ein wenig später)
kinō (*ki-noh*; gestern)	kyō (*kyoh*; heute)	ashita (*a-shta*; morgen)
senshū (*sen-shuh*; letzte Woche)	konshū (*kon-shuh*; diese Woche)	raishū (*rei-shuh*; nächste Woche)
sengetsu (*sen-ge-tsu*; letzten Monat)	kongetsu (*kon-ge-tsu*; diesen Monat)	raigetsu (*rei-ge-tsu*; nächsten Monat)
kyonen (*kyo-nen*; letztes Jahr)	kotoshi (*ko-to-shi*; dieses Jahr)	rainen (*rei-nen*; nächstes Jahr)

Tabelle 3.12: Japanische relative Zeitangaben

Rund ums Geld

Im Folgenden dreht sich alles um **o-kane** (*o-ka-ne*; Geld), das Sie am **ATM** (*eh-tih-e-mu*; Geldautomaten), an einem **ryōgaejo** (*ryoh-gae-dscho*; Geldwechselschalter) oder in der **ginkō** (*gin-koh*; Bank) bekommen können.

Euro in Yen umtauschen

Die japanische **tsūka** (*tsuh-ka*; Währung) ist der **en** (*en*; Yen). **Ryōgae suru** (*ryoh-gae su-ru*; wechseln) können Sie am **kūkō** (*kuh-koh*; Flughafen) oder in größeren **ginkō** (*gin-koh*; Banken). Ob Ihre Währung auch dabei ist, verrät Tabelle 3.13.

Sollten Sie Bargeld umtauschen müssen, haben Sie in den letzten Tagen vielleicht den **kawase rēto** (*ka-wa-se reh-to*; Wechselkurs) verfolgt und heute einen günstigen Tag erwischt:

✔ **Gaika no ryōgae wa dekimasu ka.** (*gei-ka no ryoh-gae wa de-ki-ma-su ka*; Können Sie ausländische Währungen wechseln?)

Währung	Aussprache	Übersetzung
Amerika doru	*a-me-ri-ka do-ru*	US-Dollar
Chūgoku gen	*chuh-go-ku gen*	Chinesischer Yuan
Igirisu pondo	*i-gi-ri-su pon-do*	Britisches Pfund
Suisu furan	*su-i-su fu-ran*	Schweizer Franken
Toruko rira	*to-ru-ko ri-ra*	Türkische Lira
yūro	*yuh-ro*	Euro

Tabelle 3.13: Auswahl an Währungen

✔ **Ima itchi yūro nan en desu ka.** (*i-ma i-tchi yuh-ro nan en de-su ka*; Wie viel Yen sind 1 Euro im Moment?)

✔ **Kyō no kawase rēto o oshiete kudasai.** (*kyoh no ka-wa-se reh-to o o-shi-e-te ku-da-sei*; Sagen Sie mir bitte den heutigen Wechselkurs.)

✔ **Yūro o en ni ryōgae shitai-n-desu ga.** (*yuh-ro o en ni ryoh-gae shi-tei-n-de-su ga*; Ich möchte gern Euro in Yen umtauschen.)

✔ **500 yūro o en ni ryōgae shite kudasai.** (*go-hya-ku yuh-ro o en ni ryoh-gae shte ku-da-sei*; Tauschen Sie mir bitte 500 Euro in Yen um.)

Kleiner Wortschatz

en	*en*	Yen
gaika	*geika*	ausländische Währung
genkin	*gen-kin*	Bargeld
kawase rēto	*ka-wa-se reh-to*	Wechselkurs
ryōgae suru	*ryoh-gae su-ru*	Geld umtauschen, wechseln
tesūryō	*te-suh-ryoh*	Gebühren
yūro	*yuh-ro*	Euro

Ein Konto eröffnen

Der Ginkgobaum hat zwar nichts mit **ginkō** (*gin-koh*), dem japanischen Wort für Bank beziehungsweise Geldinstitut zu tun, aber es kann nicht schaden, sich an die verstandschärfende Wirkung des Ginkgos zu erinnern, sobald man sein **o-kane** (*o-ka-ne*; Geld) einer **ginkō** anvertraut.

Wenn Sie in Japan ein **kōza** (*koh-za*; Konto) eröffnen, benötigen Sie einen **mibun shōmeisho** (*mi-bun shoh-meh-sho*; Identitätsnachweis), den Sie als in Japan lebender Ausländer zurzeit noch in Form des **gaikokujin tōroku shōmeisho** (*gei-ko-ku-dschin toh-roku shoh-meh-sho*; Ausländerregistrierungsausweises) vorlegen müssen. Außerdem benötigen Sie das u-Verb **hiraku** (*hi-ra-ku*; eröffnen):

Form	Aussprache
hiraku	*hi-ra-ku*
hirakanai	*hi-ra-ka-nei*
hiraki	*hi-ra-ki*
hiraite	*hi rei te*

Geld einzahlen und abheben

Sollten Sie einmal zu viel **genkin** (*gen-kin*; Bargeld) in Ihrem **saifu** (*sei-fu*; Portemonnaie) entdecken, könnten Sie Ihrem **zandaka** (*zan-da-ka*; Kontostand) etwas Gutes tun und eine **yokin** (*yo-kin*; Einzahlung) vornehmen. Schauen Sie aber lieber zweimal, ob Sie auch die richtige **kōza bangō** (*koh-za bangoh*; Kontonummer) eingetragen haben.

Geld **hikidasu** (*hi-ki-da-su*; abheben) können Sie am Schalter in der Bank oder mit Ihrer **kyasshu kādo** (*kyash-shu kah-*

do; Bankkarte) an einem **ATM** (*eh-tih-e-mu*; Geldautomaten). Nach ein paar Tastaturbefehlen lassen sich **hikidashi** (*hi-ki-da-shi*; Abhebungen) oder **furikomi** (*fu-ri-ko-mi*; Überweisungen) ebenso wie eine **zandaka shōkai** (*zan-da-ka shoh-kei*; Kontostandsabfrage) durchführen. Haben Sie den Bildschirm berührt, begrüßt Sie der Geldautomat mit **irasshaimase** (*i-rash-shei-ma-se*; Guten Tag; Willkommen!) und fordert Sie dann auf, etwas zu tun:

- ✔ **Kādo o o-ire kudasai.** (*kah-do o o-ire ku-da-sei*; Bitte führen Sie Ihre Karte ein.)
- ✔ **Anshō bangō o dōzo.** (*an-shoh ban-goh o doh-zo*; Bitte geben Sie Ihre Geheimzahl ein.)
- ✔ **Shibaraku o-machi kudasai**. (*shi-ba-ra-ku o-ma-tchi ku-da-sei*; Bitte warten Sie.)
- ✔ **Kingaku o dōzo.** (*kin-ga-ku o doh-zo*; Bitte wählen Sie den gewünschten Geldbetrag aus.)
- ✔ **Kakunin shite kudasai.** (*ka-ku-nin shte ku-da-sei*; Bitte bestätigen Sie.)
- ✔ **Genkin o o-uketori kudasai.** (*gen-kin o o-u-ke-to-ri ku-da-sei*; Bitte entnehmen Sie Ihr Geld.)
- ✔ **Kādo o o-tori kudasai.** (*kah-do o o-to-ri ku-da-sei*; Bitte nehmen Sie Ihre Karte.)

Ins Gespräch kommen: Small Talk 4

> **In diesem Kapitel**
> - Freunde und Fremde begrüßen
> - Sich bedanken und sich entschuldigen
> - Ein Schwätzchen halten
> - Kontaktdaten austauschen

Wo auch immer Sie neue Leute treffen, der erste Eindruck kann entscheidend für eine erfolgreiche Begegnung sein – statten Sie sich mit den wichtigsten Redewendungen aus, um sich im Umgang mit Japanern zurechtzufinden.

Grüßen und sich miteinander bekannt machen

Mit einem freundlichen **aisatsu** (*ei-sa-tsu*; Gruß) kommt man auch in Japan leichter durch den Alltag und ohne »Hallo!«, »Ich heiße« oder »Auf Wiedersehen« stehen Sie sicher auf verlorenem Posten.

Sich vorstellen

Wenn Sie sich jemandem vorstellen, beginnen Sie mit **hajimemashite** (*ha-dschi-me-ma-shte*), womit Sie ausdrücken, dass Sie Ihrem Gesprächspartner zum ersten Mal begegnen. Danach nennen Sie Ihren Namen und anschließend sagen Sie **yoroshiku** (*yo-ro-shku*) oder falls Sie sich in einer formelleren Situation befinden **yoroshiku o-negai shimasu** (*yo-ro-shku o-ne-gei shi-ma-su*). Das ist eine Floskel, die in dieser Situation »Freut mich« beziehungsweise »Es freut mich, Sie kennenzulernen« bedeutet.

Ihr Gegenüber wird Ihnen nach dem gleichen Muster antworten, in der Regel aber vor **yoroshiku** ein **kochira koso** (*kotchi-ra ko-so*) setzen, was wörtlich »Gerade ich bin es, der **yoroshiku o-negai shimasu** sagen sollte« heißt, aber einem schlichten »Ganz meinerseits« entspricht.

Leute nach ihrem Namen fragen

Den eigenen **namae** (*na-mae*; Namen) zu nennen lässt ein Gespräch viel persönlicher wirken und Sie können durchaus mit **Shitsurei desu ga, o-namae wa** (*shi-tsu-reh de-su ga, o-na-mae wa*; Entschuldigen Sie, aber wie ist Ihr Name bitte?) nachfragen, falls Ihr Gesprächspartner nicht entsprechend reagiert.

Bei »Name« müssen Sie darauf achtgeben, dass Sie **namae** benutzen, wenn Sie sich auf Ihren eigenen Namen beziehen. Für Ihr Gegenüber müssen Sie aber **o-namae** verwenden.

Mit diesem Höflichkeitspräfix **o-** drücken Sie Ihren Respekt vor anderen Personen oder Dingen, die zu diesen Personen gehören, aus und manchmal findet man dafür Übersetzungen wie »wert« oder »ehrenwert«, also **o-namae** »Ihr werter Name«. Das wirkt aber viel zu bedeutungsschwer. Tatsächlich bleibt **o-** in den meisten Fällen unübersetzt und die Nuance liegt eher darauf, dass man sich nicht unhöflich statt besonders höflich verhält.

Einige Wörter sind ohne **o-** fast schon nicht mehr vorstellbar und so lexikalisiert, dass es unerheblich ist, zu wem das mit **o-** bezeichnete gehört. Mein Geld, dein Geld, zumindest im Wortschatz spielt das keine Rolle, beides heißt in der Regel **o-kane** (*o-ka-ne*; Geld).

> ### Sich verbeugen
>
> Japaner verbeugen sich mindestens so oft, wie wir uns die Hände schütteln. Üblicherweise verbeugt man sich, wenn man sich begrüßt, aber auch, wenn man sich bedankt oder entschuldigt.
>
> Hierfür genügt es vollkommen, Kopf und Oberkörper ein wenig nach vorn zu neigen und maximal zwei Sekunden in dieser Position zu verharren. Die tiefe und lange Verbeugung ist für die Momente reserviert, in denen man um Verzeihung für einen schlimmen Fehler bittet, seine tief empfundene Dankbarkeit ausdrückt oder auf Personen trifft, denen man besonders großen Respekt erweisen möchte. Es wird von Ihnen nicht unbedingt erwartet, dass Sie sich wie ein Japaner verbeugen, Sie können damit aber Ihr japanisches Umfeld beeindrucken, auch wenn es Ihnen zunächst ein wenig schwerfallen mag, sich daran zu gewöhnen – überlegen Sie einmal: Wann haben Sie sich zuletzt vor jemandem verbeugt?

Ihr Gegenüber richtig anreden

Wie Sie im Deutschen jemanden ansprechen, hängt davon ab, wie gut Sie denjenigen kennen und in welcher Beziehung Sie zueinander stehen. Entscheiden Sie sich zum Beispiel bei Edgar Schmidt für den Vornamen (Hallo, Edgar!), einen Spitznamen (He, Eddi!), eine Amts- oder Berufsbezeichnung (Guten Tag, Herr Professor) oder den Nachnamen mit »Herr« (Guten Tag, Herr Schmidt).

Eine falsche Anrede im Japanischen kann schnell zu einem schwer wiedergutzumachenden Fehler führen und Sie sollten diese Konventionen nicht auf die leichte Schulter nehmen. Wenn Sie bei Ihrer Arbeitsstelle mit einem Vorgesetzten reden, sprechen Sie ihn oder sie mit Namen und Funktionsbezeichnung an, den Abteilungsleiter **(buchō**; *bu-tchoh*) Herrn Takahashi (*ta-ka-ha-shi*) beziehungsweise die Abteilungsleiterin Frau Takahashi also mit **Takahashi-buchō**. Hier einige weitere Titel:

- ✔ **gakuchō** (*ga-ku-tchoh*; Universitätspräsident)
- ✔ **kōchō** (*koh-tchoh*; Schulleiter)
- ✔ **sensei** (*sen-seh*; Lehrer)
- ✔ **shachō** (*sha-tchoh*; Firmenchef, Direktor)
- ✔ **tenchō** (*ten-tchoh*; Filialleiter)

Wenn Sie nicht genau wissen, welche Position jemand innehat, lassen Sie sie weg und fügen stattdessen ein respektvolles **-san** an den Namen an: **Takahashi-san**. Das kann sowohl Herr als auch Frau Takahashi heißen und ist das gebräuchlichste Suffix, mit dem Sie letztlich fast immer auf der sicheren Seite sind.

Natürlich gibt es neben **-san** auch noch andere Suffixe, die respektvoll klingen, bei denen Sie allerdings genau wissen sollten, wann sie angebracht sind und wann nicht (außer **-kun** sind alle geschlechtsneutral). Tabelle 4.1 gibt Auskunft über respektvolle Anredesuffixe und ihre Anwendungsmöglichkeiten.

Suffix	Anwendungsmöglichkeiten	Beispiel
-chan (*tchan*)	für Kinder (an den Vornamen)	Haruto-chan (*ha-ru-to-tchan*), Miyuki-chan (*mi-yu-ki-tchan*)
-kun (*kun*)	für Jungen (an den Vornamen) oder für Untergebene (an den Nachnamen)	Ikeda-kun (*i-ke-da-kun*)
-sama (*sa-ma*)	für Kunden (an den Nachnamen), Vorgesetzte (Nachname, wirkt aber in den meisten Fällen zu formal) oder Briefe: übliches Suffix für den Adressaten	Ikeda-sama (*i-ke-da-sa-ma*)
-san (*san*)	wenn keine Funktionsbezeichnung bekannt ist (an den Nachnamen, auch an den Vornamen, je nach Vertrautheit)	Ikeda-san (*i-ke-da-san*), Haruto-san (*ha-ru-to-san*), Miyuki-san (*mi-yu-ki-san*)

Tabelle 4.1: Respektvolle Anredesuffixe im Japanischen

In Japan ist die Reihenfolge bei der Angabe des Namens grundsätzlich Nachname, Vorname. Das bedeutet jedoch nicht, dass man das Gleiche von Ihnen erwartet, wenn Sie sich vorstellen oder Ihren Namen nennen, aber Sie sollten die japanische Reihenfolge stets im Hinterkopf behalten, damit Sie nicht aus Versehen jemanden mit seinem Vornamen anreden.

Anata (*a-na-ta*), in Wörterbüchern gewöhnlich als »du«, »Sie« zu finden, sollten Sie sich eher als Tabuwort vorstellen, da Sie in den meisten Situationen damit nur einen arroganten bis unverschämten Eindruck hinterlassen. Einfach weglassen oder den Namen nennen, so können Sie die Angewohnheit, »du« oder »Sie« im Satz zu nutzen, am geschicktesten umgehen.

Um jemanden anzusprechen, gibt es in eher gelockerter Atmosphäre oder bei weniger formellen Begegnungen auch einige von Alter und Geschlecht abhängige Anreden, die nicht im wörtlichen Sinn verstanden werden, sondern einfach als Anrede für jemanden, den man nicht kennt. So heißt **ojisan** (*o-dschi-san*) zwar Onkel, aber in diesem Zusammenhang hätte es die Bedeutung eines auf Männer mittleren Alters anwendbaren »Sie«. Trotzdem sollten Sie sich sehr gut in Ihr japanisches Umfeld eingelebt haben, bevor Sie aktiv auf folgende Liste zurückgreifen:

✔ für Männer mittleren Alters: **ojisan** (*o-dschi-san*; wörtlich: Onkel)

✔ für Frauen mittleren Alters: **obasan** (*o-ba-san*; wörtlich: Tante)

✔ für ältere Männer: **ojiisan** (*o-jih-san*; wörtlich: Großvater)

✔ für ältere Frauen: **obāsan** (*o-bah-san*; wörtlich: Großmutter)

✔ für Jungen: **bōya** oder **obotchan** (*boh-ya, o-bot-tchan*; wörtlich: Sohn)

✔ für Mädchen: **ojōsan** (*o-dschoh-san*; wörtlich: Tochter)

✔ für junge Männer: **oniisan** (*o-nih-san*; wörtlich: großer Bruder)

✔ für junge Frauen: **onēsan** (*o-neh-san*; wörtlich: große Schwester)

Kleiner Wortschatz

Hajimemashite.	*ha-dschi-me-ma-shte*	Guten Tag! Hallo! (nur anwendbar, wenn Sie jemanden zum ersten Mal treffen und sich miteinander bekannt machen)
O-namae wa.	*o-na-mae wa*	Wie ist Ihr Name, bitte?
Watashi no namae wa ___ desu.	*wa-ta-shi no na-mae wa ___ de-su*	Mein Name ist / Ich heiße ___
Yoroshiku.	*yo-ro-shku*	Freut mich! (wenn Sie sich mit jemandem bekannt gemacht haben)

Grußformeln

Auch im Japanischen bestimmt die Tageszeit die jeweilige Grußformel (siehe Tabelle 4.2).

Einfach nur »Hi!« oder sonst irgendeinen Laut von sich zu geben, wirkt unhöflich. Stattdessen können Sie **O-genki desu ka** (*o-gen-ki de-su ka*; Wie geht es Ihnen?) anfügen, wenn Sie jemanden länger nicht gesehen haben.

Antworten können Sie in der Regel mit **Hai, genki desu** (*hei, gen-ki de-su*; Mir geht es gut) – ohne Höflichkeitspräfix **o-** vor **genki**, da **genki** sich diesmal nicht auf jemand anderen,

Japanisch	Aussprache	Übersetzung
Ohay	*o-ha-yoh*	Morgen! oder Guten Morgen! (informell)
Ohay gozaimasu	*o-ha-yoh go-zei-ma-su*	Morgen! oder Guten Morgen! (formell)
Konnichi wa	*kon-ni-tchi wa*	Guten Tag!
Komban wa	*kom-ban wa*	Guten Abend!

Tabelle 4.2: Grußformeln im Japanischen

sondern auf den Sprecher selbst bezieht –, ein bisschen weltgewandter mit **Hai, okage-sama de** (*hei, o-ka-ge-sa-ma de*; wörtlich: Mir geht es gut, dank Ihnen und den Göttern) oder einfach mit **Nantoka** (*nan-to-ka*; Es geht). Beide Ausdrücke sind eine gute, bescheiden klingende Alternative für **Hai, genki desu**.

Sollten Sie die typische »How are you«-Grußfloskel vom englischen Sprachraum gewohnt sein, denken Sie in Japan daran, **O-genki desu ka** nur dann zu verwenden, wenn Sie tatsächlich etwas über das Befinden Ihres Gesprächspartners erfahren möchten.

Aufmerksamkeit signalisieren

Wenn Sie im Gespräch Informationen erhalten oder auch wenn ganz allgemein jemand mit Ihnen spricht, dürfen Sie Ihrem Gegenüber dabei nicht regungslos zuhören. Sie müssen ab und zu nicken. Sie können auch **Ā, sō desu ka** (*ah, soh desu ka*) sagen, was zwischen »Ah so«, »Ah ja«, »Aha« und »So ist das also« alle möglichen Varianten abdeckt. Zum Nicken passt auch ein einfaches **Ā** (*ah*), auf jeden Fall versichern Sie damit, dass Sie dem Gespräch noch aufmerksam folgen. Ohne diese kleinen Gesten würde sich Ihr Gegenüber fragen, ob

Sie noch bei der Sache sind, sich gar über etwas ärgern oder einfach keine Manieren haben.

Sich verabschieden

Unter Freunden werden Sie sich oft mit **jā, mata** (*dschah, ma-ta*; Bis dann!) verabschieden. Das bei uns recht bekannte **sayōnara** (*sa-yoh-na-ra*) eignet sich nur bedingt für »Auf Wiedersehen«, da hier die Nuance eines längeren AbschiedsVerabschiedung mitschwingt, sodass es deplatziert klingt, sollten Sie sich am selben Tag wieder treffen.

Wenn Sie sich von einem Vorgesetzten oder einem Lehrer verabschieden, ist **shitsurei shimasu** (*dschah, ma-ta shi-tsu-reh shi-ma-su*) vorzuziehen, denn das heißt eigentlich »ich begehe eine Unhöflichkeit« und in der Bedeutung »Auf Wiedersehen« entschuldigen Sie sich damit für Ihr unhöfliches Benehmen, sich aus jemandes Gegenwart zu entfernen.

 Verabschieden Sie sich zu Hause nicht mit **sayōnara**, wenn Sie zur Schule beziehungsweise zur Arbeit gehen. Das klingt nach einem endgültigen Abschied. **Itte kimasu** (*it-te ki-ma-su*; Bis dann! Tschüs!) oder als etwas gehobenere Alternative **itte mairimasu** (*it-te mei-ri-ma-su*; Wiedersehen!) wären hier die treffenden Redewendungen, die wörtlich »ich gehe und komme wieder« bedeuten.

Dank und Bedauern ausdrücken

Sich für eine Gefälligkeit bedanken oder sich für einen versehentlichen Rempler entschuldigen, all das gehört zu den elementarsten Dingen, die man in einer Fremdsprache beherrschen sollte. Was sagen Sie zum Beispiel, wenn Ihnen jemand die Tür aufhält? Was, wenn Sie jemandem in der U-Bahn auf den Fuß getreten haben?

Vielleicht kommt Ihnen **arigatō** (*a-ri-ga-toh*; Danke) in den Sinn, wenn Sie daran denken, wie man sich in Japan gewöhnlich bedankt. Nicht schlecht – aber haben Sie auch gewusst, dass Sie **arigatō** nur im eigenen Familien- und Freundeskreis, bei Kollegen oder in einem lässigeren Umfeld anwenden sollten? Sofern Sie sich bei Ihrem Lehrer, Ihrem Vorgesetzten oder in Situationen eher formelleren Charakters bedanken möchten, müssten Sie eine dieser drei Möglichkeiten wählen:

✔ **Arigatō gozaimasu.** (*a-ri-ga-toh go-zei-ma-su*)

✔ **Dōmo arigatō gozaimasu.** (*doh-mo a-ri-ga-toh go-zei-ma-su*)

✔ **Dōmo.** (*doh-mo*)

Am einfachsten anzuwenden ist **dōmo** (wörtlich: sehr, in hohem Maße), das Ihnen ein äußerst praktisches und zugleich gängiges Mittel an die Hand gibt, sich bei jemandem höflich zu bedanken, ohne sich weitere Gedanken darüber zu machen, in welcher gesellschaftlichen Beziehung Sie zueinander stehen. Möchten Sie aber etwas mehr sagen, greifen Sie auf **arigatō gozaimasu** beziehungsweise **dōmo arigatō gozaimasu** zurück – je länger der Ausdruck, umso tiefer Ihr Dank.

Werden Ihre Sprachkenntnisse gelobt, so sollten Sie lieber nicht mit **dōmo** (*doh-mo*; Danke!) antworten, sondern sich für eine der bescheidener klingenden Möglichkeiten entscheiden:

✔ **Iie, heta desu.** (*ih-e, he-ta de-su*; nein, es ist schlecht)

✔ **Iie, mada mada desu.** (*ih-e, ma-da ma-da de-su*; nein, noch lange nicht)

✔ **Iie, zenzen**. (*ih-e, zen-zen*; nein, überhaupt nicht)

Sie wirken dadurch angenehm zurückhaltend und nicht überheblich, was Ihre japanischen Gesprächspartner noch weiter beeindrucken wird.

Um bei **dōmo** zu bleiben: Möchten Sie sich für einen Fehler entschuldigen, steht Ihnen **dōmo sumimasen** (*doh-mo su-mi-ma-sen*) zur Verfügung. Als Alternative in zwangloseren Situationen reicht auch **Gomen nasai** (*go-men na-sei*).

Keine Angst vor Small Talk

Small Talk kann durchaus eine interessante Abwechslung sein, wenn man mit jemandem ins Gespräch kommen möchte, ohne gleich tiefschürfende Gedanken austauschen zu wollen.

Der erste Schritt: »Entschuldigen Sie« und eine Frage stellen

Ein Small-Talk-Versuch beginnt oft mit **sumimasen** (*su-mi-ma-sen*; Entschuldigen Sie bitte), dem eine Frage folgt.

Wenn Sie wissen, wie Sie im Japanischen einen Aussagesatz bilden, dürfte es Ihnen leichtfallen, einen solchen Fragesatz zu formulieren, denn im Gegensatz zum Deutschen müssen Sie keine Umstellung von Subjekt und Verb beachten.

Die Art und Weise der Frage hängt allerdings auch von der Antwort ab, die Sie erhalten möchten: Ist es eine einfache Ja-oder-Nein-Frage? Oder benötigen Sie eine Information über einen bestimmten Sachverhalt, sei es ein Name, ein Ort, ein Datum oder eine Person?

Erwarten Sie ein Ja oder ein Nein als Antwort, brauchen Sie lediglich die Fragepartikel **ka** an den Schluss eines Aussagesatzes zu setzen und die Stimme ein wenig anzuheben. Die Fragepartikel **ka** wandelt die Aussage dann in eine Frage um:

✔ **Hannesu wa sushi o tabemasu** (*han-ne-su wa su-shi o ta-be-ma-su*; Hannes isst Sushi.)

✔ **Hannesu wa sushi o tabemasu ka** (*han-ne-su wa su-shi o ta-be-ma-su ka*; Isst Hannes Sushi?)

Benötigen Sie jedoch weitere Informationen, müssen Sie eines der Fragewörter aus Tabelle 4.3 verwenden. Die Fragepartikel **ka** gehört allerdings weiterhin an den Schluss des Satzes, egal welches Sie benutzen.

Fragewort	Aussprache	Übersetzung
dare	*da-re*	wer (informell)
doko	*do-ko*	wo
donata	*do-na-ta*	wer (formell)
dore	*do-re*	welcher, welche, welches
dō	*doh*	wie
ikura	*i-ku-ra*	wie viel
itsu	*i-tsu*	wann
nani bzw. nan	*na-ni, nan*	was

Tabelle 4.3: Japanische Fragewörter

Einem kleinen Schwätzchen steht nun nichts mehr im Weg:

✔ **Doko ni ikimasu ka.** (*do-ko ni i-ki-ma-su ka*; Wo gehen Sie hin?)

✔ **Ima, nanji desu ka.** (*i-ma, nan-dschi de-su ka*; Wie spät ist es jetzt?)

✔ **Ueno Kōen wa doko desu ka.** (*ue-no koh-en wa do-ko de-su ka*; Wo ist der Ueno-Park?)

Über das Wetter sprechen

Tenki (*ten-ki*; Wetter) ist ein überaus dankbares Small-Talk-Thema. Falls der Himmel danach aussieht, können Sie mit **Ii tenki desu ne** (*ih ten-ki de-su ne*; Schönes Wetter, nicht wahr?) beginnen, weitere Adjektive für Temperatur und Luftfeuchtigkeit sind:

- **atatakai** (*a-ta-ta-kei*; warm)
- **atsui** (*a-tsui*; heiß)
- **mushi-atsui** (*mu-shi-a-tsui*; schwül)
- **samui** (*sa-mui*; kalt)
- **suzushii** (*su-zu-shih*; kühl, frisch)

Im häuslichen Bereich, unter Freunden, also dort, wo Sie sich gewöhnlich duzen, können Sie die Adjektive, so wie sie hier stehen, benutzen, wenn Sie einfach sagen wollen: »es ist heiß« oder »es ist kalt« – »es« als Subjekt gibt es nicht. In höflich-neutralen Situationen ergänzen Sie **desu** (*de-su*) und hätten Sie gern ein wenig Zustimmung zu Ihrer Temperatureinschätzung, fügen Sie die Partikel **ne** (*ne*; nicht wahr?, oder?) hinzu: **atsui desu ne** (*a-tsui de-su ne*; heiß, nicht wahr?).

Hier noch ein paar nützliche Wettervokabeln:

- **ame** (*a-me*; Regen)
- **arashi** (*a-ra-shi*; Sturm)
- **hare** (*ha-re*; klarer Himmel)
- **kumori** (*ku-mo-ri*; bewölkter Himmel)
- **yuki** (*yu-ki*; Schnee)

Fragen, woher jemand kommt

Neben einem Satz zum Wetter gehört die Frage, woher man denn kommt, fast zum Standardrepertoire jeden Small Talks: **Dochira kara desu ka** (*do-tchi-ra ka-ra de-su ka*). **Dochira** ist die formelle Variante von **doko** (*do-ko*; wo) und die Partikel **kara** entspricht »von«, sodass **dochira kara** beziehungsweise **doko kara** »woher, von wo« bedeutet.

Die Antwort auf »Woher kommen Sie?« ist im Satzbau einfach: Sie ersetzen das Fragewort **dochira/doko** durch einen Orts- oder Landesnamen und lassen die Fragepartikel **ka** weg:

✔ **Watashi wa Hamburuku kara desu.** (*wa-ta-shi wa ham-bu-ru-ku kara de-su*; Ich komme aus Hamburg.)

✔ **Boku wa Tōkyō kara desu.** (*bo-ku wa toh-kyoh ka-ra de-su*; Ich bin aus Tokyo.)

Der Sprecher im zweiten Beispielsatz verwendet **boku** (*bo-ku*; ich) statt **watashi** (*wa-ta-shi*; ich): Männer bevorzugen **boku**, wenn die Situation nicht als besonders formal aufgefasst wird.

Wenn Sie mitteilen möchten, wo Sie wohnen, müssen Sie das u-Verb **sumu** (*su-mu*; wohnen) in die te-Form setzen und das ru-Verb **iru** (*i-ru*; existieren) anfügen, je nach Situation entweder einfach-informell **Tōkyō ni sunde iru** (*toh-kyoh ni sun-de i-ru*) oder höflich-neutral **Tōkyō ni sunde imasu** (*toh-kyoh ni sun-de i-ma-su*), beides heißt »Ich wohne in Tokyo.«

Form	Aussprache
sumu	*su-mu*
sumanai	*su-ma-nei*
sumi	*su-mi*
sunde	*sun-de*

Erzählen, wohin man geht

Wenn Sie schon gesagt haben, woher Sie kommen, ist die Frage, wohin es denn gehen soll, nicht weit. Im Japanischen brauchen Sie bei **dochira kara desu ka** (*do-tchi-ra ka-ra de-su ka*; Woher / Von wo kommen Sie?) nur die Partikel **kara** (*ka-ra*; von) mit **made** (*ma-de*; bis) auszutauschen und Sie erhalten **dochira made desu ka** (*do-tchi-ra ma-de de-su ka*; Wohin gehen/fahren Sie?).

Wie bei **kara** ersetzen Sie **dochira** durch einen Ortsnamen, lassen die Fragepartikel **ka** am Schluss weg und können antworten: **Sapporo made desu.** (*sap-po-ro ma-de de-su*; Nach Sapporo.)

Über die Familie sprechen

Tabelle 4.4 hilft Ihnen, sich auch über dieses Thema austauschen zu können, selbst wenn die Liste zunächst ein bisschen kompliziert aussehen mag, denn für jeden deutschen Begriff sind zwei Entsprechungen angeführt – eine höfliche und eine einfache Version, die je nach Situation angewandt werden:

✔ Beziehen Sie sich auf die Familie Ihres Gesprächspartners, verwenden Sie die höfliche Form.

✔ Sprechen Sie mit jemand Außenstehenden über Ihre eigene Familie, nehmen Sie die einfache Form.

✔ Sprechen Sie zu Angehörigen Ihrer eigenen Familie, die älter sind als Sie selbst, Ihren Partner ausgenommen, benutzen Sie die höfliche Form. Das gilt auch, wenn Sie im entspannten Umfeld über sie sprechen.

So könnten Sie Ihre Mutter rufen: **Okāsan! Doko** (*o-kah-san do-ko*; Mama, wo bist du?) und Ihre Mutter fragen, wo Ihr Vater ist: **Okāsan, otōsan wa doko** (*o-kah-san, o-toh-san wa do-ko*).

Deutsch	höfliche Form	einfache Form
Familie	go-kazoku (*go-ka-zo-ku*)	kazoku (*ka-zo-ku*)
Geschwister	go-kyōdai (*go-kyoh-dei*)	kyōdai (*kyoh-dei*)
Eltern	go-ryōshin (*go-ryoh-shin*)	ryōshin (*ryoh-shin*)
Vater	otōsan (*o-toh-san*)	chichi (*tchi-tchi*)
Mutter	okāsan (*o-kah-san*)	haha (*ha-ha*)
älterer Bruder	oniisan (*o-nih-san*)	ani (*a-ni*)
ältere Schwester	onēsan (*o-neh-san*)	ane (*a-ne*)
jüngerer Bruder	otōto-san (*o-toh-to-san*)	otōto (*o-toh-to*)
jüngere Schwester	imōto-san (*i-moh-to-san*)	imōto (*i-moh-to*)
Ehemann	go-shujin (*go-shu-dschin*)	shujin (*shu-dschin*)
Ehefrau	okusan (*o-ku-san*)	kanai (*ka-nei*)
Kind	kodomo-san (*ko-do-mo-san*)	kodomo (*ko-do-mo*)
Sohn	musuko-san (*mu-su-ko-san*)	musuko (*mu-su-ko*)
Tochter	musume-san (*mu-su-me-san*)	musume (*mu-su-me*)
Großvater	ojiisan (*o-dschih-san*)	sofu (*so-fu*)
Großmutter	obāsan (*o-bah-san*)	sobo (*so-bo*)
Onkel	ojisan (*o-dschi-san*)	oji (*o-dschi*)
Tante	obasan (*o-ba-san*)	oba (*o-ba*)

Tabelle 4.4: Wortfeld Familie

Existieren und besitzen: Die Verben »iru« und »aru«

Eigentlich bedeuten die beiden Verben **iru** (*i-ru*) und **aru** (*a-ru*) »existieren«, aber sie werden auch als »haben« im Sinne von »besitzen« benutzt. Dabei müssen Sie unterscheiden, ob Sie etwas Belebtes oder etwas Unbelebtes »haben«:

- ✔ **iru** bezieht sich auf Lebewesen und alles, was sich durch eigene Willenskraft bewegen kann, wie Menschen oder Tiere.

- ✔ **aru** bezieht sich auf das, was übrig bleibt, Dinge, die sich nicht durch eigene Willenskraft bewegen können, wie Bücher, Geld, Pflanzen oder Gebäude.

Die Wortfolge in dem Satz **Watashi wa imōto ga iru** (*wa-ta-shi wa i-moh-to ga i-ru*; Ich habe eine jüngere Schwester) lässt sich so auflösen: »Was mich betrifft, so existiert eine jüngere Schwester«, wobei die Bedeutung »existieren« wieder ins Spiel kommt. Gleiches gilt für **Risa wa o-kane ga aru** (*ri-sa wa o-ka-ne ga a-ru*; Lisa hat Geld): »Was Lisa betrifft, so existiert Geld«.

Jetzt wird auch klar, was die Partikel **ga** dort zu suchen hat. Sie wissen, dass **ga** im japanischen Satz das Subjekt bezeichnet – wer oder was existiert? –, in der Übersetzung hier zeigt es aber das Objekt an, wen oder was man hat.

Um die beiden Verben auch auf höflich-neutraler Ebene anwenden zu können, benötigen Sie die Stammform + **-masu**: **imasu** (*i-ma-su*) und **arimasu** (*a-ri-ma-su*).

Iru ist ein ru-Verb und **aru** zählt zu den unregelmäßigen, achten Sie daher besonders auf die Verneinung von **aru**:

Form	Aussprache
iru	*i-ru*
inai	*i-nei*
i	*i*
ite	*i-te*

Form	Aussprache
aru	*a-ru*
nai	*nei*
ari	*a-ri*
atte	*at-te*

Hier einige Beispiele, was Sie haben oder nicht haben:

- ✔ **Hima ga arimasen** (*hi-ma ga a-ri-ma-sen*; Ich habe keine Freizeit.)
- ✔ **Petto ga imasu** (*pet-to ga i-ma-su*; Ich habe ein Haustier.)
- ✔ **Watashi wa kyōdai ga imasen** (*wa-ta-shi wa kyoh-dei ga i-ma-sen*; Ich habe keine Geschwister.)
- ✔ **Watashi wa badominton no raketto ga arimasu** (*wa-ta-shi wa ba-do-min-ton no ra-ket-to ga a-ri-ma-su*; Ich habe einen Badmintonschläger.)

Sich darüber unterhalten, was Sie regelmäßig tun

Wenn Sie einen Badmintonschläger haben, könnten Sie gefragt werden, ob Sie denn regelmäßig spielen. Um solche Aktivitäten auch sprachlich auszudrücken, müssen Sie im Japanischen zwei Verben miteinander verbinden: das Verb, das die eigentliche Handlung bezeichnet, und das Verb **iru**. Das klappt aber nur, wenn Sie das erste Verb in die te-Form setzen, sodass **iru** auch tatsächlich andocken kann (mehr zur Bildung der te-Form siehe Kapitel 2).

Wenn Sie also das u-Verb **hashiru** (*ha-shi-ru*; laufen) als Ausgangspunkt nehmen, entsteht daraus je nach Stilebene **hashitte iru** oder **hashitte imasu**. Beides bedeutet »regelmäßig laufen« und Sie können sich das ein wenig verquer wörtlich als »ich laufe und existiere jeden Tag« vorstellen.

Aber Vorsicht: Gleichzeitig verweist diese Konstruktion auf eine Handlung, die jetzt im Augenblick stattfindet und in dem Beispiel mit **hashiru** daher ebenfalls als »gerade beim Laufen sein« übersetzt werden kann. Was richtig ist, entscheidet der Zusammenhang. Aber auch Adverbien wie **ima** (*i-ma*; jetzt) oder **mainichi** (*mei-ni-tchi*; jeden Tag) schaffen zusätzlich Klarheit: **Ima hashitte imasu** (*i-ma ha-shit-te i-ma-su*; Ich bin gerade beim Laufen, Ich laufe im Moment) und **Mainichi hashitte imasu** (*mei-ni-tchi ha-shit-te i-ma-su*; Ich laufe jeden Tag). Alle folgenden Beispielsätze beziehen sich auf eine wiederkehrende, regelmäßige Handlung:

✔ **Ken'ichi wa mainichi piza o tabete imasu.** (*ken-i-tchi wa mei-ni-tchi pi-za o ta-be-te i-ma-su*; Ken'ichi isst jeden Tag Pizza.)

✔ **Otōto wa kyonen kara daigaku ni itte imasu.** (*o-toh-to wa kyo-nen kar-ra dei-ga-ku ni it-te i-ma-su*; Mein jüngerer Bruder geht seit letztem Jahr auf die Universität.)

✔ **Otōsan wa itsumo nete iru yo.** (*o-toh-san wa i-tsu-mo ne-te i-ru yo*; Mein Vater schläft immer!)

✔ **Shujin wa maishū badominton o shite imasu.** (*shu-dschin wa mei-shuh ba-do-min-ton o shte i-ma-su*; Mein Mann spielt jede Woche Badminton.)

Kontaktdaten austauschen

Vielleicht haben Sie sich mit Ihrem Gesprächspartner oder Ihrer Gesprächspartnerin inzwischen so gut unterhalten, dass Sie gerne in Kontakt bleiben möchten. Tabelle 4.5 gibt Ihnen zunächst ein paar nützliche Vokabeln an die Hand.

Japanisch	Aussprache	Übersetzung
jūsho	*dschuh-sho*	Anschrift
denwa bangō	*den-wa ban-goh*	Telefonnummer
denshi mēru adoresu	*den-shi meh-ru a-do-re-su*	E-Mail-Adresse
fakkusu bangō	*fak-ku-su ban-goh*	Faxnummer

Tabelle 4.5: Wortfeld Kontaktdaten

In Japan bekommen Sie allerdings oft auch eine **meishi** (*meh-shi*; Visitenkarte) überreicht. Vergessen Sie die ihrige nicht und bleiben Sie nicht stumm:

✔ **Denshi mēru de renraku shimasu.** (*den-shi meh-ru de ren-ra-ku shi-ma-su*; Ich kontaktiere Sie per E-Mail.)

✔ **Denwa bangō wa nan desu ka.** (*den-wa ban-goh wa nan de-su ka*; Wie ist Ihre Telefonnummer?)

✔ **Denwa o shite kudasai.** (*den-wa o shte ku-da-sei*; Rufen Sie mich bitte an.)

- ✔ **Jūsho o oshiete kudasai.** (*dschuh-sho o o-shi-e-te ku-da-sei*; Lassen Sie mich bitte Ihre Anschrift wissen.)

- ✔ **Kore wa watashi no meishi desu**. (*ko-re wa wa-ta-shi no meh-shi de-su*; Das ist meine Visitenkarte.)

- ✔ **Yokattara, renraku kudasai.** (*yo-kat-ta-ra, ren-ra-ku ku-da-sei*; Wenn Sie mögen, melden Sie sich einfach bei mir.)

Das leibliche Wohl 5

> **In diesem Kapitel**
> - Frühstück und Mittagessen zu sich nehmen
> - Ins Restaurant gehen
> - Klarstellen, was man mag und was man nicht mag
> - Fettnäpfchen vermeiden

Sobald es **tabemono** (*ta-be-mo-no*; Essen) gibt, ist die Stimmung gleich entspannter und es lässt sich dabei viel netter unterhalten. Glücklicherweise kann man heutzutage in fast jeder Großstadt auch die japanische Küche ausprobieren und sich selbst davon überzeugen, dass zur **nihon ryōri** (*ni-hon ryoh-ri*; japanischen Küche) feine Geschmacksvarianten, kunstvoll gestaltetes Anrichten, frische Zutaten, eine hohe Wertschätzung der Natur sowie die große Gastlichkeit derjenigen gehören, die die Speisen zubereiten und servieren. Genießen Sie Ihr japanisches Essen auch auf sprachlicher Ebene: **Tabemashō** (*ta-be-ma-shoh*; Auf geht's, essen wir etwas!).

Sich auf Frühstück und Mittagessen freuen

Es spricht für einen geregelten Tagesablauf, wenn man dreimal täglich eine **shokuji** (*sho-ku-dschi*; Mahlzeit) zu sich nehmen kann, es spricht für einen guten Geschmack, wenn man ab und zu etwas Neues ausprobiert, und es spricht für eine gute Motivation, wenn man dabei das ru-Verb **taberu** (*ta-be-ru*; essen) nicht vergisst.

Haben Sie schon Hunger bekommen? Ich muss Sie jetzt leider enttäuschen, entsprechend zu **o-kane ga aru** (*o-ka-ne ga a-ru*;

Geld haben) können Sie »Hunger haben« nicht bilden, stattdessen ist im Japanischen Ihr **o-naka** (*o-na-ka*; Magen) leer geworden: **o-naka ga suita** (*o-na-ka ga sui-ta*) beziehungsweise **o-naka ga sukimashita** (*o-na-ka ga su-ki-ma-shta*). Und ein leerer Magen verlangt nach einer **shokuji** oder wenigstens nach einem **o-yatsu** (*o-ya-tsu*; Snack):

✔ **asagohan** oder **chōshoku** (*a-sa-go-han* oder *tchoh-sho-ku*; Frühstück)

✔ **hirugohan** oder **chūshoku** (*hi-ru-go-han* oder *tchuh-sho-ku*; Mittagessen)

✔ **bangohan** oder **yūshoku** (*ban-go-han* oder *yuh-sho-ku*; Abendessen)

✔ **yashoku** (*ya-sho-ku*; Mitternachtssnack)

Sie haben sicher bemerkt, dass **shoku** oft mit dabei ist, wenn es ums Essen geht. Sollten Sie auch Interesse an der japanischen Schrift haben, werden Sie feststellen, dass **shoku** und **taberu** beide mit dem Schriftzeichen für »essen« geschrieben werden.

Die vier Formen des ru-Verbs **taberu** finden Sie in Kapitel 2, zum Essen gehört aber auch das u-Verb **nomu** (*no-mu*; trinken):

Form	Aussprache
nomu	*no-mu*
nomanai	*no-ma-nei*
nomi	*no-mi*
nonde	*non-de*

Das Frühstück: Japanisch oder westlich?

Es mag nicht jedermanns Sache sein, sich ausgerechnet beim Frühstück auf großartige Experimente einzulassen, aber das traditionelle japanische **asagohan** (*a-sa-go-han*; Frühstück) ist zweifellos einen Versuch wert. Bevor Sie sich zum Frühstück in den **shokudō** (*sho-ku-doh*; Speiseraum) begeben, sollten Sie natürlich wissen, was Sie erwartet – hier eine Auswahl:

- ✔ **gohan** (*go-han*; gekochter Reis)
- ✔ **hōrensō no o-hitashi** (*hoh-ren-soh no o-hi-ta-shi*; blanchierter Blattspinat mit Sojasoße)
- ✔ **misoshiru** (*mi-so-shi-ru*; Suppe aus Sojabohnenpaste, Misosuppe)
- ✔ **nama tamago** (*na-ma ta-ma-go*; rohe Eier)
- ✔ **nori** (*no-ri*; getrockneter Meerlattich, Seegras)
- ✔ **onsen tamago** (*on-sen ta-ma-go*; Heiße-Quellen-Eier / Eier in mineralhaltigem Thermalquellenwasser bei einer Temperatur zwischen 65 und 68 Grad gut 40 Minuten geköchelt, bis das Eigelb einigermaßen fest geworden, das Eiweiß aber fast noch flüssig ist)
- ✔ **tsukemono** (*tsu-ke-mo-no*; eingelegtes Gemüse, Pickles)
- ✔ **yakizakana** (*ya-ki-za-ka-na*; gegrillter Fisch)

Es gibt sicher nicht wenige Leute, für die ein Tag wohl eher schlecht beginnt, wenn auf dem Frühstückstisch nicht die gewohnten Dinge zu finden sind. Ich zum Beispiel brauche morgens immer meinen **kōhī** (*koh-hih*; Kaffee) und **bēguru** (*beh-gu-ru*; Bagel) mit **kurīmu chīzu** (*ku-rih-mu tchih-zu*;

Frischkäse). Das mag sich vielleicht langweilig anhören, für Abwechslung ist aber gesorgt:

- **batā** (*ba-tah*; Butter)
- **bēkon** (*beh-kon*; Schinkenspeck)
- **hamu** (*ha-mu*; Schinken)
- **jamu** (*dscha-mu*; Marmelade)
- **kurowassan** (*ku-ro-was-san*; Croissant)
- **kōcha** (*koh-tcha*; schwarzer Tee)
- **medamayaki** (*me-da-ma-ya-ki*; Spiegelei)
- **miruku** (*mi-ru-ku*; Milch)
- **myūzurī** (*myuh-zu-rih*; Müsli)
- **orenji jūsu** (*o-ren-dschi dschu-su*; Orangensaft)
- **sukuramburu eggu** (*su-ku-ram-bu-ru eg-gu*; Rührei)
- **sōsēji** (*soh-seh-dschi*; Würstchen)
- **tōsuto** (*toh-sto*; Toast)

In Japan gibt es viele Restaurants, auf deren Speisekarte Sie vor allem Nudeln finden und die gerade mittags besonders gern aufgesucht werden. Die weißen, dicken Nudeln, die Sie vielleicht schon mal in einer Suppe gesehen haben, sind **udon** (*u-don*), die bräunlichen, schmalen Buchweizennudeln **soba** (*so-ba*), nicht zu vergessen die **rāmen** (*rah-men*), die Sie wirklich nur ansatzweise kennen, wenn Sie schon einmal ein Rāmen-Fertiggericht aus dem Supermarkt mit heißem Wasser übergossen haben – japanische **rāmenya** (*rah-men-ya*; Rāmen-Läden) hüten ihre ausgefeilten Zubereitungsmethoden wie ein Staatsgeheimnis.

Zu den beliebtesten Mittagessen zählt außerdem **domburi** (*dom-bu-ri*), in großen Schüsseln – daher der Name – servierter Reis, der mit unterschiedlichen Zutaten bedeckt ist. Sie könnten sich natürlich auch entscheiden für:

- **hambāgā** (*ham-bah-gah*; Hamburger)
- **piza** (*pi-za*; Pizza)
- **sandoitchi** (*san-do-it-tchi*; Sandwich)
- **sarada** (*sa-ra-da*; Salat)
- **supagettī** (*spa-get-tih*; Spaghetti)
- **sūpu** (*suh-pu*; Suppe)

Das **sandoitchi** vielleicht mit

- **chīzu** (*tchih-zu*; Käse)
- **kechappu** (*ke-tchap-pu*; Ketchup)
- **masutādo** (*ma-su-tah-do*; Senf)
- **mayonēzu** (*ma-yo-neh-zu*; Mayonnaise)
- **pikurusu** (*pi-ku-ru-su*; Essiggurke)

Abends essen gehen

Wer sich gerne in Fast-Food-Ketten etwas zum Essen holt, wird auch in Japan nicht verhungern. In diesem Abschnitt versorge ich Sie schnell mit den wichtigsten Vokabeln, sollten Sie aber eher andere Restaurants vorziehen wollen, finden Sie ebenfalls die passende Speisekarte.

Fast Food bestellen

Das vielleicht einzig Schwierige ist, sich bei **piza** (*pi-za*; Pizza), **sandoitchi** (*san-do-it-tchi*; Sandwich), **hambāgā** (*ham-bah-gah*; Hamburger) und **furaido poteto** (*fu-rei-do po-te-to*; Pommes frites) an die japanische Aussprache zu gewöhnen, ansonsten dürften sich kaum weitere Hindernisse einstellen:

- ✔ **chīzu bāgā** (*chih-zu bah-gah*; Cheeseburger)
- ✔ **furaido chikin** (*fu-rei-do tchi-kin*; Fried Chicken)
- ✔ **hotto doggu** (*hot-to dog-gu*; Hotdog)
- ✔ **kō-ra** (*koh-ra*; Cola)
- ✔ **miruku shēku** (*mi-ru-ku sheh-ku*; Milchshake)

Chūmon suru (*tchuh-mon su-ru*; bestellen) müssen Sie aber trotzdem noch, wobei es sich bei diesem Verb um eine Kombination aus dem Nomen **chūmon** (Bestellung) und dem unregelmäßigen Verb **suru** (tun, machen) handelt:

Form	Aussprache
chūmon suru	*tchuh-mon su-ru*
chūmon shinai	*tchuh-mon shi-nei*
chūmon shi	*tchuh-mon shi*
chūmon shite	*tchuh-mon shi-te*

Wenn auch bis dahin alles geklappt hat, sollten Sie auf eine dieser beiden Fragen vorbereitet sein:

- ✔ **O-mochi-kaeri desu ka** (*o-mo-tchi-ka-e-ri de-su ka*; Zum Mitnehmen?)
- ✔ **Kochira de o-meshi-agari desu ka** (*ko-tchi-ra de o-me-shi-a-ga-ri de-su ka*; Zum Hieressen?)

Die Antwort ist aber einfach: Je nachdem **Hai** (*hei*; ja) oder **Iie** (*ih-e*; nein).

Einen Tisch im Restaurant vorbestellen

Sie werden es oft in Japan erleben, wie sich vor gut besuchten Restaurants neue Gäste anstellen, bis ihnen schließlich ein frei gewordener Tisch zugewiesen wird. Das können Sie umgehen, indem Sie **yoyaku o suru** (*yo-ya-ku o su-ru*; eine Reservierung machen). Wie bei **chūmon suru** bleibt auch **yoyaku** unverändert und Sie müssen sich nur um **suru** kümmern:

Form	Aussprache
yoyaku o suru	*yo-ya-ku o su-ru*
yoyaku o shinai	*yo-ya-ku o shi-nei*
yoyaku o shi	*yo-ya-ku o shi*
yoyaku o shite	*yo-ya-ku o shte*

Wenn Sie sich mit dem Restaurant in Verbindung setzen, müssen Sie sich über die Uhrzeit im Klaren sein, für wann Sie den Tisch denn vorbestellen möchten. Grundlegend sind die Zeitangaben in Kapitel 3 behandelt, in Tabelle 5.1 statte ich Sie nun mit der Zeitspanne aus, die wohl am ehesten für ein Abendessen infrage kommt.

 Sollten Sie sich nicht auf einen genauen Zeitpunkt festlegen wollen, hilft Ihnen **goro** (*go-ro*; ungefähr) am Ende der Zeitangabe: **Rokuji goro** (*ro-ku-dschi go-ro*; ungefähr um sechs) oder **rokuji han goro** (*ro-ku-dschi han go-ro*; etwa halb sieben).

Für wie viele Personen die Reservierung sei, wird man Sie sicher fragen. Sie erinnern sich an die vielen verschiedenen Zählwörter – und an Tabelle 3.6: Auch für Personen gibt es

Uhrzeit	Japanisch	Aussprache
6:00	rokuji	*ro-ku-dschi*
6:15	rokuji jūgofun	*ro-ku-dschi dschuh-go-fun*
6:30	rokuji han	*ro-ku-dschi han*
6:45	rokuji yonjūgofun	*ro-ku-dschi yon-dschuh-go-fun*
7:00	shichiji	*shi-tchi-dschi*
8:00	hachiji	*ha-tchi-dschi*
9:00	kuji	*ku-dschi*

Tabelle 5.1: Japanische Uhrzeiten (Auswahl)

eins, Sie können nicht einfach **ni** (*ni*; zwei) oder **go** (*go*; fünf) sagen, sondern müssen das entsprechende Zählwort hinzusetzen: **-nin** (*nin*). Dabei müssen Sie besonders auf die beiden Ausnahmen **hitori** (*hi-to-ri*; eine Person) und **futari** (*fu-ta-ri*; zwei Personen) achten, ab **sannin** (*san-nin*, drei Personen) ist dann alles wieder regelmäßig.

Ein typisches Gespräch könnte wie folgt ablaufen:

Restaurant: **Maido arigatō gozaimasu.** (*mei-do a-ri-ga-toh go-zei-ma-su*; Vielen Dank für Ihren Anruf. Was kann ich für Sie tun?)

Herr Tanaka: **Anō, komban, yoyaku o shitai-n-desu ga.** (*a-noh, kom-ban, yo-ya-ku o shi-tein-de-su ga*; Ich möchte gern einen Tisch für heute Abend reservieren.)

Restaurant: **Hai, arigatō gozaimasu. Nanji goro.** (*hei, a-ri-ga-toh go-zei-ma-su. nan-dschi go-ro*; Sehr gern, vielen Dank. Für wie viel Uhr etwa?)

Herr Tanaka: **Shichiji desu.** (*shi-tchi-dschi de-su*; Um sieben.)

Restaurant: **Hai. Nannin-sama.** (*hei. nan-nin-sa-ma*; Sehr gern. Für wie viel Personen?)

Herr Tanaka: **Gonin desu.** (*go-nin-de-su*; Fünf Personen.)

 -n-desu am Ende eines Satzes signalisiert Ihrem Gesprächspartner, dass Sie von ihm gerne eine Reaktion auf Ihre Aussage hätten. **Yoyaku o shitai-n-desu** klingt daher wie »Ich würde gerne eine Reservierung machen, ginge das?«, während **Yoyaku o shitai desu** nur den eigenen Wunsch beschreibt nach Art von »Ich möchte eine Reservierung machen, ob das geht oder nicht, ist mir egal«. Das Verb vor **-n-desu** steht immer in der informell-einfachen Form, **-n-desu** selbst ist unveränderlich und die Partikel **ga** am Schluss zeigt an, dass Sie bereit für eine Antwort sind.

Im Restaurant bestellen

Sind Sie der »Ich studiere zuerst genau die **menyū** (*me-nyuh*; Speisekarte)«-Typ, der »Ich schaue mal, was die anderen so essen«-Typ oder eher der »Ich lasse mir etwas vom **uētā** (*ueh-tah*; Kellner) / von der **uētoresu** (*ueh-to-re-su*; Kellnerin) empfehlen«-Typ? Ist für Sie ein Essen ohne **zensai** (*zen-sei*; Vorspeise), **dezāto** (*dezah-to*; Nachspeise) und **nomimono** (*no-mi-mo-no*; Getränke) kein richtiges Essen? Wie dem auch sei, wenn Sie die folgenden Abschnitte gelesen haben, werden Sie im Restaurant sicher nicht hungrig bleiben müssen.

Nachdem Sie Platz genommen haben, wird man Ihre Bestellung entgegennehmen wollen:

✔ **Go-chūmon wa.** (*go-tchuh-mon wa*; Was möchten Sie bestellen?)

- **Nani ni nasaimasu ka.** (*na-ni ni na-sei-ma-su ka*; Was möchten Sie nehmen?)
- **O-nomimono wa.** (*o-no-mi-mo-no wa*; Was möchten Sie zum Trinken?)

Mit Ja oder Nein kommen Sie jetzt nicht weiter, antworten könnten Sie jedoch:

- **Rāmen o mittsu o-negai-shimasu.** (*rah-men o mit-tsu o-ne-gei-shi-ma-su*; Drei Mal Rāmen bitte.)
- **Sushi to sashimi to misoshiru o o-negai-shimasu.** (*su-shi to sa-shi-mi to mi-so-shi-ru o o-ne-gei-shi-masu*; Ich hätte gern Sushi, Sashimi und eine Misosuppe.)
- **Wain wa arimasu ka.** (*wein wa a-ri-ma-su ka*; Haben Sie Wein?)
- **O-susume-hin wa.** (*o-su-su-me-hin wa*; Was können Sie empfehlen?)

Wenn Sie verschiedene Sachen bestellen, erfüllt die Partikel **to** (*to*) die Funktion von Komma oder »und« zwischen den einzelnen Nomen. Als ein satzverbindendes »und« können Sie **to** jedoch nicht benutzen.

Erfreulicherweise hat nicht jedes Gedeck ein eigenes Zählwort und Sie dürfen die rein japanischen Zahlen in Verbindung mit dem allgemeinen Zählwort **-tsu** verwenden: **hitotsu**, **futatsu**, **mittsu** (vergleichen Sie hierzu den Abschnitt über Zählwörter in Kapitel 3).

Sollten Sie sich jetzt Sorgen machen, ob Sie eine japanische Speisekarte überhaupt lesen können, kann ich Sie beruhigen. Das heißt nicht, dass das Lesen kein Problem darstellt, aber oft finden Sie neben der Schrift eine Abbildung, wie die Speise – zumindest auf dem Foto – aussieht. Dann reicht **watashi wa** (*wa-ta-shi wa*; was mich betrifft), ein Zeigen auf das Bild **kore o** (*ko-re o*; das hier) und am Schluss **o-negai-shimasu** (*o-ne-gei-shi-ma-su*; hätte ich gerne) oder **kudasai** (*ku-da-sei*; bringen Sie mir bitte).

Sie können sich für ein Gericht entscheiden, das man vielleicht nicht unbedingt mit japanischer Küche in Verbindung bringt:

- ✔ **bifuteki** (*bif-te-ki*; Rindersteak)
- ✔ **bīfu shichū** (*bih-fu shi-tchuh*; Rindereintopf, Beef stew)
- ✔ **masshu poteto** (*mash-shu po-te-to*; Kartoffelbrei)
- ✔ **mīto rōfu** (*mih-to roh-fu*; Hackbraten)
- ✔ **pan** (*pan*; Brot)
- ✔ **sake** (*sa-ke*; Lachs)
- ✔ **sarada** (*sa-ra-da*; Salat)
- ✔ **sūpu** (*suh-pu*; Suppe)

Oder würden Sie nicht gerne auch dies probieren:

- ✔ **gyūdon** (*gyuh-don*; Reisschüsselgericht mit gekochtem Rindfleisch und Gemüse als Belag)
- ✔ **oyako domburi** (*o-ya-ko dom-bu-ri*; Reisschüsselgericht mit Hühnerfleisch und Ei als Belag)

- **shabushabu** (*sha-bu-sha-bu*; Fondue auf Japanisch: Topf mit einer Gewürzbrühe, die ständig am Kochen gehalten wird; außer hauchdünn geschnittenen Rindfleischscheiben gehören Chinakohl, Garland-Chrysanthemen, Shiitake- und Enokitake-Pilze, Tofu manchmal auch Udon-Nudeln dazu)
- **sukiyaki** (*su-ki-ya-ki*; wie **shabushabu**, nur mit einer süßeren Gewürzmischung)
- **tempura** (*tem-pu-ra*; frittierter Fisch und frittiertes Gemüse)
- **unagi** (*u-na-gi*; gegrillter und marinierter Aal)
- **yakiniku** (*ya-ki-ni-ku*; koreanisches Barbecue)
- **yosenabe** (*yo-se-na-be*; Eintopf vor allem mit Fleisch, Fisch, Gemüse, Eiern und Tofu)

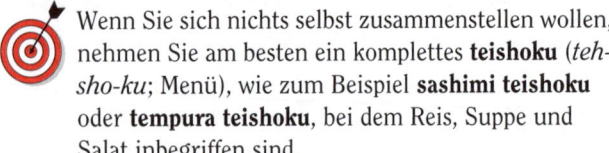

Wenn Sie sich nichts selbst zusammenstellen wollen, nehmen Sie am besten ein komplettes **teishoku** (*teh-sho-ku*; Menü), wie zum Beispiel **sashimi teishoku** oder **tempura teishoku**, bei dem Reis, Suppe und Salat inbegriffen sind.

Das Tischgedeck

Es sollte nicht, aber es kann natürlich auch einmal vorkommen, dass nicht alles auf dem Tisch liegt, was auf dem Tisch liegen sollte. Wenn etwas vom Besteck fehlt und Sie der Bedienung Bescheid sagen wollen, helfen die Vokabeln in Tabelle 5.2 weiter.

Japanisch	Aussprache	Übersetzung
f ku	*foh-ku*	Gabel
gurasu	*gu-ra-su*	Glas
kappu	*kap-pu*	Tasse
naifu	*nei-fu*	Messer
napukin	*nap-kin*	Serviette
o-sara	*o-sa-ra*	Teller
sup n	*spuhn*	Löffel

Tabelle 5.2: Besteck und Tischdekoration

Zur japanischen Küche gehören aber auch:

- ✔ **chawan** (*tcha-wan*; Reisschüssel)
- ✔ **hashi** (*ha-shi*; Essstäbchen)
- ✔ **shiruwan** (*shi-ru-wan*; lackierte Suppenschale)

Sich wieder an die Bedienung wenden

Nachdem Sie bestellt und Ihr Essen erhalten haben, gibt es durchaus Situationen, in denen Sie gern noch einmal mit dem Kellner oder der Kellnerin gesprochen hätten:

- ✔ **Kore wa nan desu ka.** (*ko-re wa nan de-su ka*; Was ist das?)
- ✔ **Watashi wa ebi ga taberaremasen.** (*wa-ta-shi wa e-bi ga ta-be-ra-re-ma-sen*; Ich kann keine Garnelen essen.)
- ✔ **Kore wa yakete imasu ka.** (*ko-re wa ya-ke-te i-ma-su ka*; Ist das gut durchgebraten?)
- ✔ **Oishii desu ne.** (*eu-shih de-su ne*; Das schmeckt gut.)

- ✔ **Chotto hen na aji desu.** (*tchot-to hen na a-dschi de-su*; Das hat irgendwie einen komischen Geschmack.)
- ✔ **Totemo oishikatta desu.** (*to-te-mo eu-shi-kat-ta de-su*; Es hat sehr gut geschmeckt.)
- ✔ **O-mizu o kudasai.** (*o-mi-zu o ku-da-sei*; Bringen Sie bitte Wasser.)
- ✔ **Toire wa doko desu ka.** (*teu-re wa do-ko de-su ka*; Wo sind die Toiletten?)

Die Rechnung zahlen

In der Regel begleichen Sie die Rechnung erst am Ausgang beim Verlassen des Restaurants. Das hat zwar unbestreitbare Vorteile, trotzdem sollte man sich spätestens an der Kasse darüber klar geworden sein, ob man **warikan ni suru** (*wa-ri-kan ni su-ru*; halbe-halbe) macht – beziehungsweise bei mehr als zwei Personen die Rechnung in gleiche Teile aufteilt – oder ob einer oder eine **ogoru** (*o-go-ru*; die gesamte Rechnung übernimmt). Wenn es ans Zahlen geht, helfen sicher auch diese Sätze:

- ✔ **Betsubetsu ni o-negai-shimasu.** (*be-tsu-be-tsu ni o-ne-gei-shi-ma-su*; Getrennt, bitte.)
- ✔ **Issho ni o-negai-shimasu.** (*ish-sho ni o-ne-gei-shi-ma-su*; Zusammen, bitte.)
- ✔ **O-kanjō o o-negai-shimasu.** (*o-kan-dschoh o o-ne-gei-shi-ma-su*; Die Rechnung, bitte.)
- ✔ **Ryōshūsho o o-negai-shimasu.** (*ryoh-shuh-sho o o-ne-gei-shi-ma-su*; Eine Quittung, bitte.)

Es ist in Japan nicht üblich, im Restaurant einen Betrag aufzurunden, wenn Sie bezahlen. Man wird fast immer ausgezeichnet bedient, ohne dass irgendjemand ein Trinkgeld erwartet. Besonders exklusive Gerichte enthalten jedoch eine **sābisu-ryō** (*sah-bi-su-ryoh*; Servicegebühr).

Die **kurejitto kādo** (*ku-re-dschit-to kah-do*; Kreditkarte) gehört auch in japanischen Restaurants zu einem allgemein akzeptierten Zahlungsmittel, dennoch ist nicht jeder gastronomische Betrieb auf diese Zahlweise eingestellt und nimmt daher nur **genkin** (*gen-kin*; Bargeld) an. Wenn Sie sich nicht sicher sind, sollten Sie sich vorher informieren, ob Sie mit Ihrer Kreditkarte zahlen können oder nicht.

Kleiner Wortschatz

chūmon	*tchuh-mon*	Bestellung
genkin	*gen-kin*	Bargeld
kurejitto kādo	*ku-re-dschit-to kah-do*	Kreditkarte
o-kanjō	*o-kan-dschoh*	Rechnung
o-mizu	*o-mi-zu*	Wasser
yoyaku	*yo-ya-ku*	Reservierung, Vorbestellung

Etwas mögen: Im Japanischen mit Adjektiv

Im Gegensatz zum Deutschen wird im Japanischen durch na-Adjektive ausgedrückt, dass man etwas mag beziehungsweise nicht mag: **suki** (*ski*; mögen) und **kirai** (*ki-rei*; nicht mögen, eine Abneigung haben).

Der Satzaufbau erinnert an die Konstruktion »etwas haben« mit **Watashi wa o-kane ga arimasu** (*wa-ta-shi wa o-ka-ne ga a-ri-ma-su*; Ich habe Geld.), da auch hier das Objekt des deutschen Satzes durch die Subjektpartikel **ga** im Japanischen wiedergegeben ist: **Watashi wa piza ga suki desu** (*wa-ta-shi wa pi-za ga ski de-su*; Ich mag Pizza.). Eine wörtliche Übersetzung könnte daher »Was mich betrifft, so ist Pizza liebenswert« lauten.

Wie bei »etwas haben« müssen Sie besonders auf die Partikel **ga** achtgeben: **ga suki desu** und **ga kirai desu** sind die Wortpaare im höflich-neutralen Stil, **ga suki da** und **ga kirai da** im informell-einfachen Stil, wobei Sie die beiden oft ohne **da** hören können. Sollten Vorliebe oder Abneigung indes sehr groß sein, setzen Sie das Präfix **dai** (*dei*; groß) vor das Adjektiv: **daisuki** und **daikirai**.

Nun können Sie sagen, wen oder was Sie mögen, indem Sie im Japanischen »mir ist etwas liebenswert« benutzen:

✔ **Sensei ga suki desu.** (*sen-seh ga suki de-su*; Ich mag den Lehrer.)

✔ **Shukudai ga kirai desu.** (*shu-ku-dei ga ki-rei de-su*; Ich mag keine Hausaufgaben.)

✔ **Watashi wa sakana ga daisuki desu.** (*wa-ta-shi wa sa-ka-na ga dei-ski de-su*; Ich mag Fisch sehr, ich liebe Fisch.)

✔ **Otōto wa yasai ga daikirai desu.** (*o-toh-to wa ya-sei ga dei-ki-rei de-su*; Mein jüngerer Bruder mag Gemüse überhaupt nicht, mein jüngerer Bruder hasst Gemüse.)

Die Tischmanieren kennen

Dass nicht überall auf der Welt die gleichen Regeln für den Benimm am Tisch gelten, ist eine Binsenweisheit, und Sie werden sich entspannter den Speisen widmen können, wenn Sie wissen, dass es in Japan beispielsweise gutem Benehmen entspricht, die Suppe direkt aus der **shiruwan** (*shi-ru-wan*; Suppenschale) zu trinken, anstatt sie mit dem Löffel zu essen. Und wenn Sie beim **rāmen** genüsslich laut die Nudeln schlürfen, haben Sie bewiesen, dass Sie ein wahrer Kenner der Etikette sind.

Bevor Sie nicht **itadakimasu!** (*i-ta-da-ki-ma-su*) gesagt haben, sollten Sie nicht mit dem Essen beginnen. Eigentlich ist das Verb **itadakimasu** ein bescheidener Ausdruck für »bekommen«, wird hier aber als eine feststehende Dankes-Floskel benutzt: »Ich erhalte in Demut diese Mahlzeit«.

In japanisch-deutschen Wörterbüchern finden Sie **itadakimasu** oft mit »Guten Appetit!« wiedergegeben, aber Vorsicht: Das kann nur dann als passende Übersetzung gelten, wenn man tatsächlich auch mitisst – durchaus ein größerer Fettnapf für deutsche Muttersprachler und Muttersprachlerinnen!

Die Entsprechung zu **itadakimasu!** am Anfang lautet **gochisōsama!** (*go-tchi-soh-sa-ma*) als eine ebenfalls feststehende Floskel am Schluss, um »Dank für die köstliche Bewirtung!« zu sagen. Wenn Sie aber mehr als den Standardspruch übermitteln wollen, können Sie ohne Weiteres ergänzen: **Hontō ni oishikatta desu** (*hon-toh ni eu-shi-kat-ta de-su*; Es hat wirklich sehr gut geschmeckt.).

Außerdem könnten Sie diese Sätze gebrauchen:

- ✔ **Oishii desu.** (*eu-shih de-su*; Schmeckt gut! Vorzüglich!)
- ✔ **O-kawari o-negai-shimasu.** (*o-ka-wa-ri o-ne-gei-shi-ma-su*; Könnte ich noch einen Nachschlag bekommen?)
- ✔ **O-mizu o o-negai-shimasu.** (*o-mi-zu o o-ne-gei-shi-ma-su*; Könnte ich noch etwas Wasser bekommen?)

Falls Sie selbst einmal die Rolle des Gastgebers übernehmen, können Sie mit **wa ikaga** (*wa i-ka-ga*; Wie wäre es mit …? Möchten Sie …?) Ihren Gästen etwas anbieten: **Gohan wa ikaga desu ka.** (*go-han wa i-ka-ga de-su ka*; Wie wäre es mit Reis? Möchten Sie Reis?). Aus höflicher Bescheidenheit mag das so Angebotene zunächst mit einem freundlichen **iie** (*ih-e*) abgelehnt werden, Sie sollten mit der Floskel **enryo shinaide** (*en-ryo shi-nei-de*; Bitte seien Sie nicht zurückhaltend.) Ihre Gäste jedoch nett zum Zugreifen ermuntern.

Kleiner Wortschatz

Enryo shinaide.	*en-ryo shi-nei-de*	Keine Zurückhaltung bitte!
Gochisōsama.	*go-tchi-soh-sa-ma*	Ich danke für die köstliche Bewirtung.
Itadakimasu.	*i-ta-da-ki-ma-su*	Guten Appetit. (Auf die eingeschränkte Anwendung achten!)
Oishii desu-	*eu-shih de-su*	Das schmeckt gut.
o-kawari	*o-ka-wa-ri*	Nachschlag, zweite Portion

Im Einkaufsparadies Japan 6

> *In diesem Kapitel*
> - ✔ Die passenden Kleidungsstücke finden
> - ✔ Den Preis vergleichen
> - ✔ Den Geldbeutel zücken
> - ✔ Lebensmittel besorgen

Es ist jedes Mal ein Erlebnis, sich in anderen Ländern in den Geschäften umzuschauen. Vom großen Einkaufszentrum bis zum traditionellen Laden, überall warten neue Dinge, die es zu entdecken gilt. Ob Sie dann gleich zu Ihrer **kurejitto kādo** (*ku-re-dschit-to kah-do*; Kreditkarte) greifen, Ihr **genkin** (*gen-kin*; Bargeld) zusammenzählen oder mit den **kaimono** (*kei-mo-no*; Einkäufen) lieber erst warten, Ihr Japanisch wird Ihnen bei jeder Gelegenheit weiterhelfen.

Nach einem bestimmten Artikel fragen

Sollten Sie bereits genaue Vorstellungen davon haben, was Sie **sagasu** (*sa-ga-su*; suchen), haben Sie mit **wa arimasu ka** (*wa a-ri-ma-su ka*; Haben Sie …?) die richtige Formulierung parat, um sich sogleich an das Verkaufspersonal zu wenden: **Wafuku wa arimasu ka** (*wa-fu-ku wa a-ri-ma-su ka*; Haben Sie traditionelle japanische Kleidung?). Lassen Sie sich von dem vielfältigen Angebot aber nicht zu einem Kaufrausch verführen und nehmen Sie sich in aller Ruhe Zeit für das u-Verb **sagasu.**

Form	Aussprache
sagasu	*sa-ga-su*
sagasanai	*sa-ga-sa-nei*
sagashi	*sa-ga-shi*
sagashite	*sa-ga-shte*

Wenn Sie etwas gefunden haben, was Sie vielleicht noch ein wenig genauer betrachten möchten, können Sie diesen Wunsch vorbringen, indem Sie das ru-Verb **miseru** (*mi-se-ru*; zeigen) in die te-Form setzen und **kudasai** (*ku-da-sei*) anfügen, sodass Sie damit **sore o misete kudasai** (*so-re o mi-se-te ku-da-sei*; Bitte zeigen Sie mir das dort!) bilden.

Wie im Deutschen können Sie auch im Japanischen mit dem Finger auf etwas zeigen, wenn Sie etwas auswählen möchten, statt »das da« sagen Sie aber **kore** (*ko-re*). Das passt in den meisten Fällen, und sollte der Verkäufer einmal nicht genau erkennen, worauf Sie gerade zeigen, weil mehrere Dinge direkt nebeneinander liegen, wird er mit **dore** (*do-re*; Welches?) zurückfragen. Sie könnten sich dann ein wenig präziser ausdrücken, indem Sie klarstellen: **kono yunomi** (*ko-no yu-no-mi*; Diese Teetasse da.).

Kore und **kono** weisen auf dasselbe hin, werden aber unterschiedlich eingesetzt: **Kore** immer allein vor der Partikel, hingegen **kono** nie allein und immer zusammen mit einem Nomen vor der Partikel.

✔ **Kore o misete kudasai.** (*ko-re o mi-se-te ku-da-sei*; Bitte zeigen Sie mir das da!)

✔ **Kono yunomi o misete kudasai.** (*ko-no yu-no-mi o mi-se-te ku-da-sei*; Bitte zeigen Sie mir diese Teetasse da!)

✔ **Kore wa watashi no kasa desu.** (*ko-re wa wa-ta-shi no ka-sa de-su*; Das da ist mein Schirm.)

✔ **Kono kasa wa watashi no kasa desu.** (*ko-no ka-sa wa wa-ta-shi no ka-sa de-su*; Dieser Schirm da ist mein Schirm.)

So finden **sore** (*so-re*) und **are** (*a-re*) ihre Entsprechung in **sono** (*so-no*) und **ano** (*a-no*), auch das Fragewort **dore** (*do-re*) wird zu **dono** (*do-no*), wenn sich ein Nomen anschließt.

Das ist recht einfach und mit einer kleinen Gedächtnisstütze sogar noch einfacher zu merken: Nach koNO, soNO, anNO und doNO folgt immer ein NOmen!

✔ Ano biru wa nan desu ka. (*a-no bi-ru wa nan de-su ka*; Was ist das für ein Gebäude dort drüben?)

✔ Sono nekkuresu wa takai desu ka. (*so-no nek-ku-re-su wa ta-kei de su ka*; Ist diese Halskette teuer?)

Produkte miteinander vergleichen

Je umfangreicher das **shōhin** (*shoh-hin*; Sortiment, Waren), umso schwieriger die richtige Kaufentscheidung. Es führt kein Weg an der gründlichen Begutachtung von **hinshitsu** (*hin-shi-tsu*; Qualität) und **kinō** (*ki-noh*; Funktionalität) vorbei, um schließlich den Daumen zugunsten des besseren **seihin** (*seh-hin*; Produkts) zu heben.

Das ist anstrengend genug, wozu beim Vergleich auch noch die Deklination von Adjektiven wie etwa teuer, teurer, am teuersten berücksichtigen? Was das betrifft, so kann ich Sie beruhigen: **takai** (*ta-kei*; teuer) bleibt **takai**, ob etwas nun »teurer« oder gar »am teuersten« ist.

Billiger, teurer, besser, schlechter ...

Das Japanische besitzt für solch vergleichende Sätze wie »Videokassetten sind billiger als DVDs.«, »Der neue Stuhl ist bequemer als der alte Stuhl.« oder »Mein Wörterbuch ist besser als dein Wörterbuch.« im Grunde die gleichen Elemente wie im Deutschen, nur dass das Adjektiv keine Deklination aufweist, statt »als« die Partikel **yori** (*yo-ri*) steht und die Wortfolge dem Muster **Jisho wa ii desu** (*dschi-sho wa ih de-su*; Das Wörterbuch ist gut.) ähnelt.

Um von **watashi no jisho wa ii desu** (*wa-ta-shi no dschi-sho wa ih de-su*; Mein Wörterbuch ist gut. Oder wörtlich: Was mein Wörterbuch betrifft, so ist es gut.) zu »Mein Wörterbuch ist besser als dein Wörterbuch« zu gelangen, benötigen Sie nur einen Schritt:

✔ Kennzeichnen Sie das Vergleichsobjekt **anata no jisho** (*a-na-ta no dschi-sho*; dein Wörterbuch) mit **yori** (*yo-ri*; im Vergleich zu) und fügen Sie beides zwischen **wa** und **ii** ein: **Watashi no jisho wa anata no jisho yori ii desu.** (*wa-ta-shi no dschi-sho wa a-na-ta no dschi-sho yo-ri ih de-su*; wörtlich: Was mein Wörterbuch betrifft, so ist es im Vergleich zu deinem Wörterbuch gut, also: Mein Wörterbuch ist besser als dein Wörterbuch.)

Welches von beiden?

Sollten Sie zwischen zwei Artikeln schwanken, lautet das richtige Fragewort **dochira** (*do-tchi-ra*; welcher/welche/welches [von beiden]). Für einen vollständigen Satz nennen Sie zuerst die beiden zu vergleichenden Produkte und fügen jeweils die Partikel **to** (*to*; und) hinzu, dann **dochira ga** und abschließend das Adjektiv mit der Fragepartikel **ka** (*ka*):

✔ **Kore to are to dochira ga ii desu ka.** (*ko-re to a-re to do-tchi-ra ga ih de-su ka*; Das hier und das dort drüben, welches [von beiden] ist gut? Oder: Welches [von beiden] ist besser, das hier oder das dort drüben?)

 Dochira ga: Einerseits weit umfassend, weil es sowohl für Personen als auch für Gegenstände gilt, andererseits aber eingeschränkt, weil es nicht mehr als zwei Personen beziehungsweise zwei Gegenstände sein dürfen.

✔ **Marī to watashi to dochira ga suki desu ka.** (*ma-rih to wa-ta-shi to do-tchi-ra ga ski de-su ka*; Wen/Welchen [von beiden] mögen Sie lieber, Marie oder mich?)

✔ **Sushi to piza to dochira ga suki desu ka.** (*su-shi to pi-za to do-tchi-ra ga ski de-su ka*; Was [von beiden] mögen Sie lieber, Sushi oder Pizza?)

✔ **O-kane to meisei to dochira ga daiji desu ka.** (*o-ka-ne to meh-seh to do-tchi-ra ga dei-dschi de-su ka*; Was [von beiden] ist wichtiger, Geld oder Ansehen?)

Sie sehen, dass es im Japanischen nicht besonders schwierig ist, solche Art von Fragen zu stellen. Noch einfacher ist die Antwort, vor allem wenn Sie es kurz und bündig mögen:

- ✔ **Marī desu.** (*ma-rih de-su*; Marie [mag ich lieber].)
- ✔ **Sushi desu.** (*su-shi de-su*; Sushi [mag ich lieber].)
- ✔ **Meisei desu.** (*meh-seh de-su*; Ansehen [ist wichtiger].)

Sie könnten auch ausführlicher antworten, aber im Grunde reicht **desu** – denken Sie an Kapitel 2: Überflüssige Wörter wegfallen lassen.

Am billigsten, am teuersten, am besten, am schlechtesten …

Wer ist die Nummer eins? Nichts anderes bedeuten diese Superlative, und nichts anderes brauchen Sie im Japanischen, um diese höchste Steigerung auszudrücken: **ichiban** (*i-tchi-ban*; Nummer eins). Aus dem einfachen Aussagesatz

- ✔ **Kono kuruma wa ōkii desu.** (*ko-no ku-ru-ma wa oh-kih de-su*; Dieses Auto ist groß.)

wird durch **ichiban** vor dem Adjektiv

- ✔ **Kono kuruma wa ichiban ōkii desu.** (*ko-no ku-ru-ma wa i-tchi-ban oh-kih de-su*; Dieses Auto ist am größten.)

Dabei spielt es keine Rolle, ob es sich um ein i- oder na-Adjektiv handelt, um ein Lebewesen oder um einen Gegenstand, **ichiban** bleibt **ichiban**:

- ✔ **Kono kuruma wa ichiban kōkyū desu.** (*ko-no ku-ru-ma wa i-tchi-ban koh-kyuh de-su*; Dieses Auto ist am hochwertigsten.)
- ✔ **Marī wa ichiban yasashii desu.** (*ma-rih wa i-tchi-ban ya-sa-shih de-su*; Marie ist am nettesten.)

Welches von dreien?

Keine Sorge, die Überschriften »welches von vieren« oder »welches von fünfen« werden Ihnen nicht begegnen. Glücklicherweise bedeutet die Zahl drei in diesem Abschnitt »drei und mehr«. Trotzdem wird es jetzt ein klein wenig komplizierter als bei dem Alleskönner **dochira**, denn bei »welches von dreien« müssen Sie das Fragewort wechseln, je nachdem, ob Sie nach Personen (Fragewort **dare**; *da-re*), Orten (Fragewort **doko**; *do-ko*) oder allem anderen (Fragewort **dore**; *do-re*) fragen. Ansonsten folgen Sie einfach dem Muster von **dochira** und setzen vor das folgende Adjektiv **ichiban** (*i-tchi-ban*):

- ✔ **Risa to Marī to Ken'ichi to Hannesu to dare ga ichiban yasashii desu ka.** (*ri-sa to ma-rih to ken-i-tchi to han-ne-su to da-re ga i-tchi-ban ya-sa-shih de-su ka*; Wer ist von den vieren am nettesten, Lisa, Marie, Ken'ichi oder Hannes?)

- ✔ **Herushinki to Tōkyō to Berurin to doko ga ichiban samui desu ka.** (*he-ru-shin-ki to toh-kyoh to be-ru-rin to do-ko ga i-tchi-ban sa-mui de-su ka*; Wo ist es von den drei Orten am kältesten, in Helsinki, Tokyo oder Berlin?)

- ✔ **Hambāgā to hotto doggu to piza to dore ga ichiban suki desu ka.** (*ham-bah-gah to hot-to dog-gu to pi-za to do-re ga i-tchi-ban ski de-su ka*; Was mögen Sie von den dreien am liebsten, Hamburger, Hotdog oder Pizza?)

Sollten Sie jedoch keine Auswahlvorgabe machen wollen, können Sie statt der **to ... to ... to**-Auflistung eine auf die jeweiligen Personen, Orte beziehungsweise Gegenstände zutreffende Eigenschaft verwenden, diese mit den Partikeln **de** (*de*) und **wa** (*wa*) abgrenzen und so die Antwort zum Beispiel auf die Kategorie **kurasu no gakusei de wa** (*ku-ra-su no ga-ku-seh de wa*; unter den Studierenden des Kurses) erweitern:

- **Kurasu no gakusei de wa dare ga ichiban yasashii desu ka.** (*ku-ra-su no ga-ku-seh de wa da-re ga i-tchi-ban ya-sa-shih de-su ka*; Wer unter den Studierenden ist der/die Netteste im Kurs?)

- **Nihon no machi de wa doko ga ichiban kirei desu ka.** (*ni-hon no ma-tchi de wa do-ko ga i-tchi-ban ki-reh de-su ka*; Welche ist die schönste japanische Stadt?)

Zwar haben Sie sich die Aufzählung gespart, aber zumindest in den Fällen, in denen Sie **dore** verwenden, heißt das Fragewort nun **nani** (*na-ni*; was):

- **Tabemono de wa nani ga ichiban suki desu ka.** (*ta-be-mo-no de wa na-ni ga i-tchi-ban ski de-su ka*; Was mögen Sie vom Essen am liebsten?)

Als Antwort würden Sie im Deutschen auch nicht den ganzen Satz wiederholen, im Japanischen können Sie es ebenso halten:

- **Marī desu.** (*ma-rih de-su*; Marie [ist am nettesten].)

- **Kyōto desu.** (*kyoh-to de-su*; Kyoto [ist am schönsten].)

- **Sushi desu.** (*su-shi de-su*; Sushi [mag ich am liebsten].)

Tabelle 6.1 stellt die unterschiedliche Anwendung der Fragewörter noch einmal in kompakter Form gegenüber.

Kategorie	Welches von beiden	Welches von dreien [und mehr]	Welches aus einer Kategorie
Personen	dochira	dare	dare
Orte	dochira	doko	doko
alles andere	dochira	dore	nani

Tabelle 6.1: Japanische Fragewörter: welcher/welche/welches

 Kore wa, die Kurzversion von **kore wa dō desu ka** (*ko-re wa doh de-su ka*; Wie wäre es damit?) ist ein Beispiel dafür, wie die Partikel **wa** auch zur Kennzeichnung einer Frage verwendet werden kann, vorausgesetzt, man hebt die Stimme ein wenig an. So könnte Ihnen ein Verkäufer beispielsweise mit **Kore wa** (*ko-re wa*; Dies hier?) verschiedene Produkte vorstellen.

Kleidung kaufen

Suchen Sie **yōfuku** (*yoh-fu-ku*; westliche Kleidung), bieten nicht alle japanischen Wörter größere Schwierigkeiten. Tabelle 6.2 enthält einige gängige Kleidungsstücke und Accessoires.

Die passende Farbe wählen

Bei den Farbbezeichnungen hingegen sind nur orange und rosa leicht herzuleiten:

✔ **aka** (*a-ka*; rot)

✔ **ao** (*ao*; blau)

✔ **chairo** (*tcha-i-ro*; braun)

Kleidungsstück	Aussprache	Übersetzung
jaketto	*dscha-ket-to*	Jacke
kōto	*koh-to*	Mantel
kutsu	*ku-tsu*	Schuhe
kutsushita	*ku-tsu-shta*	Strümpfe
nekutai	*ne-ku-tei*	Krawatte
sebiro	*se-bi-ro*	Anzug
sētā	*seh-tah*	Pullover
shatsu	*sha-tsu*	Hemd
shitagi	*shta-gi*	Unterwäsche
suetto shatsu	*suet-to sha-tsu*	Sweatshirt
sukāto	*su-kah-to*	Rock
zubon	*zu-bon*	Hose

Tabelle 6.2: Japanische Bezeichnungen für Kleidungsstücke und Accessoires

✔ **kiiro** (*ki-i-ro*; gelb)

✔ **kuro** (*ku-ro*; schwarz)

✔ **midori** (*mi-do-ri*; grün)

✔ **murasaki** (*mu-ra-sa-ki*; violett, purpurn)

✔ **orenji** (*o-ren-dschi*; orange)

✔ **pinku** (*pin-ku*; rosa)

✔ **shiro** (*shi-ro*; weiß)

Möchten Sie andere Farben gezeigt bekommen, ohne selbst eine bestimmte zu nennen, ist **Chigau iro wa** (*tchi-gau i-ro wa*; Haben Sie eine andere Farbe?) eine hilfreiche Frage.

Für viele Situationen ein Wort: »chotto«

Eigentlich gibt es solche Wörter in jeder Fremdsprache: Entweder liefert das Wörterbuch eine Übersetzung, die in ein paar Fällen tatsächlich weiterhilft, in vielen anderen aber nicht den geringsten Sinn ergibt, oder es werden in endlosen Untereinträgen so viele Vorschläge an kleinen Füllwörtern angeboten, die sich kaum richtig anwenden lassen. Im Japanischen gehört **chotto** (*chot-to*) zu dieser Kategorie – und das ist eine gute Nachricht, denn es steht Ihnen als praktisches Schlüsselwort zur Seite, wenn Sie um einen Gefallen beziehungsweise um eine Erlaubnis bitten oder etwas im weitesten Sinne nicht Ihren Vorstellungen entspricht.

Meist finden Sie »ein wenig, ein bisschen« als Übersetzung, dann folgen »einen Moment, ein Weilchen; etwas; leicht; mal; bitte; vielleicht«. Lösen Sie sich am besten davon und versuchen Sie, sich **chotto** nur in Zusammenhang mit den entsprechenden Situationen zu merken:

✔ Um einen Gefallen bitten: Beginnen Sie mit **chotto** wie in **chotto oshiete kudasai** (*tchot-to o-shi-e-te ku-da-sei*; Bitte informieren Sie mich.) und Sie übermitteln auf bescheiden-höfliche Art, dass Sie sich dankbar der Tatsache bewusst sind, von jemanden einen Gefallen zu verlangen.

✔ Um Erlaubnis bitten: In diesem Fall wirkt **chotto** als Ausdruck für einen kurzen Moment im Sinne von »darf ich kurz …« wie bei **chotto kite mite mo ii desu ka** (*tchot-to ki-te mi-te mo ih de-su ka*; Darf ich das kurz anprobieren?).

Da es im Japanischen kein Modalverb »dürfen« gibt, müssen Sie das Verb in die te-Form setzen (vergleichen Sie Kapitel 2) und **mo ii desu ka** anfügen: **chotto totte mo ii desu ka** (*chot-to tot-te mo ih de-su ka*; Darf ich das kurz nehmen?).

✔ Etwas monieren: Mit **chotto chiisai desu** (*tchot-to chih-sei de-su*; Das ist ein bisschen zu klein.) klingen Sie auf typisch japanische Weise zurückhaltend, aber bei jedem ist die Botschaft angekommen: Sie finden das wirklich zu klein.

✔ Auffordern, etwas sein zu lassen: **Chotto yamete kudasai** (*tchot-to ya-me-te ku-da-sei*; Bitte hören Sie damit mal auf.) mildert Ihre Aufforderung ab, lässt aber keinen Zweifel daran, dass jemand etwas vollständig unterlassen soll.

Wenn es sich aus der Situation ergibt, müssen Sie nicht einmal einen ganzen Satz formulieren und trotzdem weiß Ihr Gegenüber, wie er sich zu verhalten hat: Sie rufen einen Mitarbeiter in Ihr Büro, in der U-Bahn setzt sich jemand aus Versehen auf Ihren Mantel, ein Gast fragt Sie, ob er bei Ihnen rauchen darf – ein einzelnes **chotto** im richtigen Tonfall wirkt Wunder.

Die richtige Größe finden

Kleidergrößen fallen immer irgendwie unterschiedlich aus, das ist in Japan nicht anders als bei uns. Sollten Sie glauben, endlich etwas in Ihrer **saizu** (*sei-zu*; Größe) gefunden zu haben, fragen Sie vorsichtshalber einen Verkäufer **chotto kite mite mo ii desu ka** (*tchot-to kit-e mi-te mo ih de-su ka*; Darf ich das kurz anprobieren?) und lassen Sie sich eine freie

shichakushitsu (*shi-tcha-ku-shi-tsu*; Anprobekabine) zeigen. Passt alles, ist es **chōdo ii** (*tchoh-do ih*; genau richtig), wenn Sie aber nicht ganz überzeugt sind, geben Sie die Ware mit einer kurzen Erklärung zurück:

- ✔ **Chotto chiisai desu.** (*tchot-to chih-sei de-su*; Ein bisschen zu klein.)
- ✔ **Chotto ōkii ka na.** (*tchot-to oh-kih ka na*; Ich glaube, das ist mir ein bisschen zu groß.)
- ✔ **Nagai desu.** (*na-gei de-su*; Das ist lang.)
- ✔ **Sukoshi mijikai desu.** (*sko-shi mi-dschi-kei de-su*; Es ist ein Stückchen zu kurz.)

In **kite miru** (*ki-te mi-ru*; anprobieren) steckt das ru-Verb **kiru** (*ki-ru*; etwas anziehen) drin:

Form	Aussprache
kiru	*ki-ru*
kinai	*ki-nei*
ki	*ki*
kite	*ki-te*

Das ru-Verb **miru** (*mi-ru*; sehen) kennen Sie schon, aber bildet es zusammen mit einem in der te-Form stehenden Verb eine Einheit, heißt es »schauen, wie es sich verhält« im Sinne von »versuchen, probieren«:

- ✔ **Kite miru** (*ki-te mi-ru*; [anziehen und schauen, ob es passt] anprobieren)
- ✔ **nonde miru** (*non-de mi-ru*; [trinken und schauen, ob es schmeckt] kosten)

✔ **tabete miru** (*ta-be-te mi-ru*; [essen und schauen, ob es schmeckt] kosten)

Für ein **T-shatsu** (*tih-sha-tsu*; T-Shirt) werden Sie sich den Weg zur **shichakushitsu** (*shi-tcha-ku-shi-tsu*; Umkleidekabine) wahrscheinlich sparen können, denn **S** (*e-su*), **M** (*e-mu*), **L** (*e-ru*) und **XL** (*i-ksu e-ru*) klingen als Größenangaben einigermaßen vertraut, aber bei Kleidern oder Anzügen sieht es schon ein wenig ungewohnter aus – nicht nur weil das Zählwort für die Damenkleidergrößen 5, 7, 9, 11, 13, 15, 17, 19, 21, 23 **gō** (*goh*) lautet. Größe 5 entspricht etwa Größe 32, Größe 7 etwa Größe 34 und die Reihe setzt sich in Zweierschritten fort. Haben Sie nun Ihre Größe ermittelt, sind Sie voraussichtlich in die richtige Ecke zum Aussuchen gegangen, möglicherweise werden Sie sich bei der Anprobe dann doch das nächstgrößere Modell bringen lassen müssen, weil vieles eher kleiner ausfällt. Das trifft auch auf die Herrenanzugsgrößen zu, die indes mit Buchstaben ausgewiesen sind: Größe S entspricht etwa 42 bis 46, Größe M 48, Größe L 50 bis 52 und Größe LL 54 bis 58.

Sollten Sie den Umfang Ihrer **uesuto** (*ue-su-to*; Taille) angeben wollen, müssen Sie keinen **dentaku** (*den-ta-ku*; Taschenrechner) mit sich führen, um eventuell von **senchi** (*sen-tchi*; Zentimeter) auf **inchi** (*in-tchi*; Zoll) oder gar **sun** (*sun*) umzurechnen – seit den 20er-Jahren des 19. Jahrhunderts ist in Japan das metrische System der offizielle Standard, auch wenn man ab und zu noch auf traditionelle Maße wie das 3,03 cm entsprechende **sun** oder im Getränkeladen auf die **isshōbin** (*ish–shoh-bin*; 1,8-l-Flasche) treffen kann.

Kleiner Wortschatz

chiisai	*tchih-sei*	klein
chōdo ii	*tchoh-do ih*	passt/sitzt genau
mijikai	*mi-dschi-kei*	kurz
nagai	*na-gei*	lang
ōkii	*oh-kih*	groß
saizu	*sei-zu*	Kleidergröße, Nummer
shichakushitsu	*shi-tcha-ku-shi-tsu*	Anprobe(-kabine)

Im Kaufhaus

Japanische **depāto** (*de-pah-to*; Kaufhäuser) zeichnen sich durch vorbildlichen **sābisu** (*sah-bi-su*; Service) und ein breit gefächertes, hochwertiges Sortiment an **burandohin** (*bu-ran-do-hin*; Markenwaren) aus, aber selbst wenn man nicht unbedingt etwas kaufen möchte, lohnt sich auch zum Bummeln ein Besuch der verschiedenen Abteilungen, beispielsweise:

- ✔ **fujinfuku** (*fu-dschin-fu-ku*; Damenbekleidung)
- ✔ **hōseki** (*hoh-se-ki*; Schmuck)
- ✔ **kaban** (*ka-ban*; Taschen und Koffer)
- ✔ **kagu** (*ka-gu*; Möbel)
- ✔ **katei yōhin** (*ka-teh yoh-hin*; Haushaltswaren)
- ✔ **keshōhin** (*ke-shoh-hin*; Parfümerie)
- ✔ **kodomofuku** (*ko-do-mo-fu-ku*; Kinderbekleidung)
- ✔ **kutsu** (*ku-tsu*; Schuhe)

- ✔ **shinshifuku** (*shin-shi-fu-ku*; Herrenbekleidung)
- ✔ **shoseki** (*sho-se-ki*; Bücher)
- ✔ **supōtsu yōhin** (*spoh-tsu yoh-hin*; Sport)

Preise vergleichen und Rabatte bekommen

Geben Sie ruhig zu, dass Sie ein wenig neugierig auf **kaimono** (*kei-mo-no*; Einkauf, Shopping) geworden sind, verschiedene **mise** (*mi-se* [nicht: *mih-se!*]; Läden) nach allen möglichen **mono** (*mo-no*; Dingen) durchstöbern, die **nedan** (*ne-dan*; Preise) vergleichen und vielleicht sogar einen **nebiki** (*ne-bi-ki*; Rabatt) aushandeln wollen.

So wie bei uns gibt es aber auch viele Rabattaktionen, die Sie an den üblichen Minus- und Prozentzeichen und Schlagwörtern wie **bāgen** (*bah-gen*; von englisch: bargain) oder **sēru** (*seh-ru*; von englisch: sale) erkennen. Falls Sie kein Preisschild entdecken, wird die wichtigste Frage, die Sie stellen möchten, sicher **ikura desu ka** (*i-ku-ra de-su ka*; Wie viel kostet das?) sein; kommentieren könnten Sie den Preis dann mit

- ✔ **Chotto takai desu.** (*tchot-to ta-kei de-su*; Das ist ein wenig teuer.)
- ✔ **Mō chotto yasuku shite kudasai.** (*moh tchot-to ya-su-ku shte ku-da-sei*; Können Sie den Preis ein bisschen billiger machen?)
- ✔ **Māmā yasui desu ne.** (*mah-mah, ya-sui de-su ne*; Das ist ziemlich günstig.)

Jetzt können Sie sich auf Einkaufstour begeben und müssen an den Ständen auch nicht sprachlos bleiben, wenn Sie etwas

kau (*kau*; kaufen) wollen. Die Bedeutung des u-Verbs **kau** ist sicher nicht allzu schwer zu behalten, bei der Verneinungsform sollten Sie dafür aber auf das besondere **w** achten:

Form	Aussprache
kau	*kau*
kawanai	*ka-wa-nei*
kai	*kei*
katte	*kat-te*

Kleiner Wortschatz

kaimono	*kei-mo-no*	Einkauf, Shopping
Ikura desu ka.	*i-ku-ra de-su ka*	Wie viel kostet das?
nebiki	*ne-bi-ki*	Rabatt
takai	*ta-kei*	teuer
yasui	*ya-sui*	billig

An der Kasse

Saifu no himo ga katai (*sei-fu no hi-mo ga ka-tei*; Die Schnüre des Geldbeutels sind fest.) ist vielleicht nicht unbedingt die richtige Einstellung beim Shoppen, aber selbst wenn Sie »kein Geld für unnütze Sachen ausgeben« wollten, kann es passieren, dass Sie an der **reji** (*re-dschi*; Kasse) in ihrem **saifu** (*sei-fu*; Portemonnaie) nachschauen müssen, ob Ihre **o-satsu** (*o-sa-tsu*; Geldscheine) und **kōka** (*koh-ka*; Münzen) reichen oder ob die **kurejitto kādo** (*ku-re-dschit-to kah-do*; Kreditkarte) zum Einsatz kommt. Sollten Sie **genkin de harau** (*genkin de harau*; bar bezahlen), vergessen Sie nicht Ihr **o-tsuri**

(*o-tsu-ri*; Wechselgeld), auch wenn Sie noch darüber nachsinnen, was es denn mit dem w-Laut bei solchen u-Verben wie **harau** (*ha-rau*; bezahlen) auf sich hatte:

Form	Aussprache
harau	*ha-rau*
harawanai	*ha-ra-wa-nei*
harai	*ha-rei*
haratte	*ha-rat-te*

Kleiner Wortschatz

o-tsuri	*o-tsu-ri*	Wechselgeld
ryōshūsho	*ryoh-shuh-sho*	Quittung, Beleg
shōhizei	*shoh-hi-zeh*	Mehrwertsteuer
subete	*su-be-te*	alles

Lebensmittel einkaufen

Auch wenn Sie in Japan vielleicht am liebsten immer auswärts essen würden, irgendwann ist der Zeitpunkt gekommen, den Schritt in Richtung **sūpāmāketto** (*suh-pah-mah-ket-to*; Supermarkt) zu wagen, um selbst für die Verpflegung zu sorgen. Neben **niku** (*ni-ku*; Fleisch), **yasai** (*ya-sei*; Gemüse), **kudamono** (*ku-da-mo-no*; Obst) und **sakana** (*sa-ka-na*; Fisch) finden Sie dort:

✔ **aisukurīmu** (*ei-su-krih-mu*; Eiscreme)

✔ **gyūnyū** (*gyuh-nyuh*; Milch)

✔ **jūsu** (*dschuh-su*; Fruchtsaft)

- ✔ **o-kome** (*o-ko-me*; ungekochter Reis)
- ✔ **pan** (*pan*; Brot)
- ✔ **tamago** (*ta-ma-go*; Eier)

Fleisch einkaufen

Beim Metzger an der Theke wird es Ihnen nicht viel weiterhelfen, wenn Sie **niku** (*ni-ku*; Fleisch) verlangen, da müssen Sie schon ein wenig präziser sein:

- ✔ **butaniku** (*bu-ta-ni-ku*; Schweinefleisch)
- ✔ **gyūniku** (*gyuh-niku*; Rindfleisch)
- ✔ **shichimenchō** (*shi-tchi-men-tchoh*; Truthahn)
- ✔ **toriniku** (*to-ri-ni-ku*; Hühnerfleisch)
- ✔ **hamu** (*ha-mu*; Schinken)
- ✔ **sōsēji** (*sou-seh-dschi*; Würstchen)

Obst und Gemüse einkaufen

Ob auf Ihrer **shoppingu risuto** (*shop-pin-gu ri-su-to*; Einkaufsliste) auch Vitaminreiches steht, müssen Sie natürlich selbst entscheiden, sei es im **sūpāmāketto** (*suh-pah-mah-ketto*; Supermarkt) oder beim **yaoya-san** (*ya-o-ya-san*; Gemüsehändler) um die Ecke, die Auswahl an frischem **kudamono** (*ku-da-mo-no*; Obst) und **yasai** (*ya-sei*; Gemüse) ist jedenfalls groß:

- ✔ **banana** (*ba-na-na*; Bananen)
- ✔ **ichigo** (*i-tchi-go*; Erdbeeren)

- **jagaimo** (*dscha-gei-mo*; Kartoffeln)
- **mikan** (*mi-kan*; Satsuma-Mandarinen)
- **ninjin** (*nin-dschin*; Möhren)
- **pīman** (*pih-man*; Paprika)
- **remon** (*re-mon*; Zitronen)
- **retasu** (*re-ta-su*; Kopfsalat)
- **ringo** (*rin-go*; Äpfel)
- **tamanegi** (*ta-ma-ne-gi*; Zwiebeln)
- **tomato** (*to-ma-to*; Tomaten)

Frischen Fisch einkaufen

Wenn Ihnen allein schon bei dem Gedanken an eine Fischmahlzeit das Wasser im Mund zusammenläuft, sind Sie in Japan natürlich nicht am falschen Ort – die eine oder andere Sorte Fisch sollten Sie zumindest dem Namen nach kennen:

- **maguro** (*ma-gu-ro*; Thunfisch)
- **masu** (*ma-su*; Forelle)
- **nishin** (*ni-shin*; Hering)
- **sake** (*sa-ke*; Lachs)
- **tai** (*tei*; Meerbrasse)
- **tara** (*ta-ra*; Dorsch)

Freizeit und Erholung 7

In diesem Kapitel
- ✔ Kulturelle Angebote nutzen
- ✔ Sich mit Freunden verabreden
- ✔ Sich über Hobbys unterhalten
- ✔ Sportlich aktiv sein

Rejā (*re-dschah*; Freizeit) und **rikuriēshon** (*ri-ku-ri-eh-shon*; Erholung) sollten zu unserem Leben genauso gehören wie **shigoto** (*shi-go-to*; Arbeit). Auch in Japan nutzen die Menschen ihre Zeit unterschiedlich, eines haben sie aber alle gemeinsam: Um **suru** (*su-ru*; tun, machen) kommt dabei kaum jemand herum.

Das unregelmäßige Verb »suru«

Weil viele Nomen durch **suru** (*su-ru*; tun, machen) auch einen verbalen Charakter erhalten, steht **suru** in der Rangliste der am häufigsten gebrauchten japanischen Verben ganz weit oben, so wird beispielsweise aus **benkyō** (*ben-kyoh*; Studium, Lernen) **benkyō o suru** (*ben-kyoh o su-ru*; studieren, lernen). Das ist ohne Zweifel sehr praktisch, eine kleine Schwierigkeit muss indes überwunden werden, bevor das weite Feld der Anwendungsmöglichkeiten offen vor Ihnen liegt – **suru** ist unregelmäßig:

Form	Aussprache
suru	*su-ru*
shinai	*shi-nei*
shi	*shi*
shite	*shte*

Tabelle 7.1 zeigt Ihnen, wie Sie **suru** mit verschiedenen Nomen aus dem alltäglichen Leben verbinden können und dadurch neue Verben entstehen.

Japanisch	Aussprache	Übersetzung
benkyō o suru	*ben-kyoh o su-ru*	studieren, lernen
denwa o suru	*den-wa o su-ru*	telefonieren
kaimono o suru	*kei-mo-no o su-ru*	Einkäufe machen
kankō o suru	*kan-koh o su-ru*	Sightseeing machen
karate o suru	*ka-ra-te o su-ru*	Karate machen
ryōri o suru	*ryoh-ri o su-ru*	Essen kochen
sentaku o suru	*sen-taku o su-ru*	Wäsche waschen
shigoto o suru	*shi-go-to o su-ru*	arbeiten
shukudai o suru	*shu-ku-dei o su-ru*	Hausaufgaben machen
sōji o suru	*soh-dschi o su-ru*	sauber machen
tenisu o suru	*te-ni-su o su-ru*	Tennis spielen
torampu o suru	*to-ram-pu o su-ru*	Karten spielen
yamanobori o suru	*ya-ma-no-bo-ri o su-ru*	eine Bergtour machen
zangyō o suru	*zan-gyoh o su-ru*	Überstunden machen

Tabelle 7.1: Was man mit »suru« *alles machen kann*

So wie aus den englischen Verben »to check«, »to cancel« und »to relax« die neudeutschen Wörter »checken«, »canceln« und »relaxen« entstanden sind, hat auch das Japanische seinen Wortschatz erweitert, mit **suru** als Hilfestellung:

- ✔ **chekku suru** (*tchek-ku suru*; checken)
- ✔ **kyanseru suru** (*kyan-se-ru su-ru*; canceln)
- ✔ **rirakkusu suru** (*ri-rak-ku-su suru*; relaxen)

Was die Stadt zu bieten hat

Tipps zur Freizeitgestaltung finden Sie jede Menge und der **ibento jōhō** (*i-ben-to dschoh-hoh*; Veranstaltungskalender) in **shimbun** (*shim-bun*; Zeitungen), **zasshi** (*zash-shi*; Zeitschriften) oder im **intānetto** (*in-tah-net-to*; Internet) gibt einen umfassenden Überblick über die aktuellen Veranstaltungen.

In Museen gehen und Galerien besuchen

Vielleicht hilft die ruhige Atmosphäre in einem **bijutsukan** (*bi-dschu-tsu-kan*; Kunstmuseum), um für ein paar Stunden den Alltagsstress hinter sich zu lassen und der **kokoro** (*ko-ko-ro*; Seele; Herz) ein wenig Entspannung zu gönnen.

Garō (*ga-roh*; Kunstgalerien) sind natürlich auch einen Besuch wert, andere **hakubutsukan** (*ha-ku-bu-tsu-kan*; Museen) widmen sich **rekishi** (*re-kshi*; Geschichte), **gijutsu** (*gi-dschutsu*; Technik) oder **shizen** (*shi-zen*; Natur).

Die **kaikan jikan** (*kei-kan dschi-kan*; Öffnungszeiten) sind jedoch immer eine wichtige Information:

- ✔ **Hakubutsukan wa nanji ni akimasu ka.** (*ha-ku-bu-tsu-kan wa nan-dschi ni a-ki-ma-su ka*; Um wie viel Uhr öffnet das Museum?)

✔ **Nanji ni shimarimasu ka.** (*nan-dschi ni shi-ma-ri-ma-su ka*; Um wie viel Uhr schließt es?)

✔ **Nichiyōbi wa o-yasumi desu ka.** (*ni-tchi-yoh-bi wa o-ya-su-mi de-su ka*; Ist sonntags zu?)

Aku (*a-ku*; öffnen) und **shimaru** (*shi-ma-ru*; schließen) sind u-Verben:

Form	Aussprache
aku	*a-ku*
akanai	*a-ka-nei*
aki	*a-ki*
aite	*ei-te*

Form	Aussprache
shimaru	*shi-ma-ru*
shimaranai	*shi-ma-ra-nei*
shimari	*shi-ma-ri*
shimatte	*shi-mat-te*

Ins Theater gehen

Ob Sie im **gekijō** (*ge-ki-dschoh*; Theater) die Darsteller hautnah bei ihrem **o-shibai** (*o-shi-bei*; Schauspiel, Vorstellung) erleben oder im **eigakan** (*eh-ga-kan*; Kino) den neuesten **eiga** (*eh-ga*; Film) anschauen möchten, lassen Sie sich nicht durch das Kassenhäuschen abschrecken, denn mit diesen oder ähnlichen Sätzen können Sie an Ihr **chiketto** (*tchi-ket-to*; Ticket) kommen:

✔ **Sumimasen. Komban no o-shibai wa nanji kara desu ka.** (*su-mi-ma-sen. kom-ban no o-shi-bei wa nan-dschi ka-ra de-su ka*; Entschuldigung. Ab wie viel Uhr ist heute Abend die Vorstellung?)

✔ **Mada ii seki wa arimasu ka.** (*ma-da ih se-ki wa a-ri-ma-su ka*; Gibt es noch gute Plätze?)

✔ **Ichiman en no seki o nimai o-negai-shimasu.** (*i-tchi-man en no se-ki o ni-mei o-ne-gei-shi-ma-su*; Zweimal die Plätze für 10.000 Yen bitte.)

✔ **Otona futari o-negai-shimasu.** (*o-to-na fu-ta-ri o-ne-gei-shi-ma-su*; Für zwei Erwachsene bitte.)

✔ **Otona futari to kodomo hitori o-negai-shimasu.** (*o-to-na fu-ta-ri to ko-do-mo hi-to-ri o-ne-gei-shi-ma-su*; Zwei Erwachsene und ein Kind bitte.)

✔ **Shinia hitori o-negai-shimasu.** (*shi-nia hi-to-ri o-ne-gei-shi-ma-su*; Einmal für Senioren bitte.)

Sie mögen sie als **chiketto** (*tchi-ket-to*; Ticket), **kippu** (*kip-pu*; Karte) oder gar als **nyūjōken** (*nyuh-dschoh-ken*; Eintrittskarte) bezeichnen, allen gemeinsam ist die flache Form – und das sollte Ihnen Kapitel 3 und das richtige Zählwort in Erinnerung rufen: **-mai** (*mei*).

Kleiner Wortschatz

chiketto	*tchi-ket-to*	Ticket
komban	*kom-ban*	heute Abend
otona	*o-to-na*	Erwachsener
seki	*se-ki*	Platz, Sitz

In Bars und Klubs gehen

Eigentlich denken Deutsche bei Sake immer an Reiswein, aber in Japan bedeutet **sake** (*sa-ke*) oder **o-sake** (*o-sa-ke*) sowohl Reiswein als auch allgemein ein alkoholisches Getränk, sodass man sich auch für das **bīru** (*bih-ru*; Bier) einer der großen japanischen Brauereien wie **Asahi** (*a-sa-hi*), **Kirin** (*ki-rin*) oder **Sapporo** (*sap-po-ro*) entscheiden kann, wenn man **o-sake** trinken geht. Der Barkeeper hat aber sicher noch mehr anzubieten:

- ✔ **akawain** (*a-ka-wein*; Rotwein)
- ✔ **atsukan** (*a-tsu-kan*; heißer Reiswein)
- ✔ **bīru** (*bih-ru*; Bier) Vorsicht: Mit **biru** (*bi-ru*) bestellen Sie ein Gebäude!
- ✔ **burandē** (*bu-ran-deh*; Brandy)
- ✔ **chūhai** (*tchuh-hei*; alkoholisches Mixgetränk, Alcopop)
- ✔ **hiya** (*hi-ya*; kalter Reiswein)
- ✔ **jin** (*dschin*; Gin)
- ✔ **kakuteru** (*ka-ku-te-ru*; Cocktail)
- ✔ **mizuwari** (*mi-zu-wa-ri*; mit Wasser verdünnter Whisky)

- ✔ **onzarokku** (*on-za-rok-ku*; Whisky on the rocks)
- ✔ **ramushu** (*ra-mu-shu*; Rum)
- ✔ **shirowain** (*shi-ro-wein*; Weißwein)
- ✔ **shōchū** (*shoh-tchuh*; japanischer Schnaps aus Reis, Gerste oder Süßkartoffeln)
- ✔ **sutorēto** (*su-to-reh-to*; Whisky pur)
- ✔ **uisukī** (*ui-su-kih*; Whisky; Whiskey)
- ✔ **uokka** (*uok-ka*; Wodka)

Preiswert **nomu** (*nomu*; trinken) können Sie natürlich **uchi de** (*u-tchi de*; zu Hause), einen Drink gibt es aber auch in

- ✔ **bā** (*bah*; Bars)
- ✔ **izakaya** (*i-za-ka-ya*; Kneipen)
- ✔ **naitokurabu** (*nei-to-ku-ra-bu*; Nachtclubs)

In **izakaya** (*i-za-ka-ya*; Kneipen) sind die sprachlichen Umgangsformen oft auch entspannt:

- ✔ Nani nomu. (*na-ni no-mu*; im informell-einfachen Stil: Was wollen Sie trinken?)
- ✔ **Kyō wa nani ga oishii.** (*kyoh wa na-ni ga eu-shih*. Was gibt's heute Leckeres?)
- ✔ **Jā, sore.** (*dschah, so-re*. Gut, das nehm ich.)

Karaoke

Bei Karaoke gehen die Meinungen weit auseinander, es gibt begeisterte Anhänger und Zeitgenossen, die allein bei der Erwähnung dieser Freizeitgestaltung die Nase rümpfen. Zusammengesetzt aus **kara** (*ka-ra*; leer) und einem Kurzwort für **ōkesutora** (*oh-ke-su-to-ra*; Orchester) heißt **karaoke** »leeres

Orchester« und verweist darauf, dass zur eingespielten Instrumentalmusik von Pop, Schlager oder Volkslied noch die Gesangsstimme fehlt, die der oder die Vortragende per **maiku** (*mei-ku*; Mikrofon) ergänzt. Seit den 1970er-Jahren zunächst in Japan entwickelt, um den sich im Arbeitsleben aufgestauten alltäglichen **sutoresu** (*su-to-re-su*; Stress) abbauen zu können, ist mit **karaoke** ein **shumi** (*shu-mi*; Hobby) entstanden, das sich inzwischen auch weltweiter Beliebtheit erfreut.

Gewöhnungsbedürftig ist es natürlich schon, wenn Sie im Freundes- oder Kollegenkreis eine Karaoke-Bar besuchen, und vorzugeben, **onchi** (*on-tchi*; unmusikalisch) zu sein, ist keine Ausrede, da die Geselligkeit im Vordergrund steht. Schauen Sie die Liste der zur Auswahl stehenden **kyoku** (*kyo-ku*; Musikstücke) an, notieren Sie die Nummer Ihres Liedes, das Sie **utau** (*u-tau*; singen) möchten, und warten Sie, bis Sie an der **ban** (*ban*; Reihe) sind. Vergessen Sie nicht, das **maiku** (*mei-ku*; Mikrofon) einzuschalten, sobald die Musik beginnt, und schauen Sie auf den **gamen** (*ga-men*; Monitor), wo sich der **kashi** (*ka-shi*; Liedtext) nacheinander mit Farbe füllt und Ihnen so anzeigt, welche Worte gesungen werden sollen.

Wer sich in Japan der Karaoke-Herausforderung stellt, sollte aber zumindest die vier Formen des u-Verbs **utau** (*u-tau*; singen) schon kennen:

Form	Aussprache
utau	*u-tau*
utawanai	*u-ta-wa-nei*
utai	*u-tei*
utatte	*u-tat-te*

Sich über seine Hobbys unterhalten

Die Frage **shumi wa** (*shu-mi wa*; Was ist Ihr Hobby?) wird in Japan gar nicht so selten gestellt und ob Sie nun tatsächlich ernsthaft ein Hobby betreiben oder nicht, ein bisschen sollten Sie über sich erzählen, was Sie so in Ihrer Freizeit **suru** (*su-ru*; tun, machen):

- ✔ **dokusho** (*do-ku-sho*; Lesen)
- ✔ **engei** (*en-geh*; Gärtnern)
- ✔ **ikebana** (*i-ke-ba-na*; Ikebana, Blumenstecken)
- ✔ **kitte no korekushon** (*kit-te no ko-re-ku-shon*; Briefmarkensammeln)
- ✔ **ryōri** (*ryoh-ri*; Kochen)
- ✔ **tsuri** (*tsu-ri*; Angeln)

Hinaus in die Natur

Wo war noch mal der Ausschaltknopf? Wenn Sie darüber länger nachdenken müssen, wäre es da nicht an der Zeit, den **kompyūtā** (*kom-pyuh-tah*; Computer) einen profanen **keisanki** (*keh-san-ki*; Rechner) sein zu lassen und in die **yama** (*ya-ma*; Berge) oder ans **umi** (*u-mi*; Meer) zu fahren? Einfach einen Gang herunterschalten und die **shizen** (*shi-zen*; Natur) genießen, entspannt den vorüberziehenden **kumo** (*ku-mo*; Wolken) nachblicken, zu den Wipfeln hoher **ki** (*ki*; Bäume) emporschauen oder **yotto** (*yot-to*; Segelboote) entfernt am **suiheisen** (*sui-heh-sen*; Horizont) beobachten …

Sollten Sie ins Schwärmen geraten, liefert Ihnen Tabelle 7.2 vielleicht die richtigen Begriffe.

Japanisch	Aussprache	Übersetzung
bīchi	*bih-tchi*	Strand
kaigan	*kei-gan*	Küste
kawa	*ka-wa*	Fluss
kazan	*ka-zan*	Vulkan
mizuumi	*mi-zu-u-mi*	See
sabaku	*sa-ba-ku*	Wüste
sammyaku	*sam-mya-ku*	Gebirgskette
sunahama	*su-na-ha-ma*	Sandstrand
taki	*ta-ki*	Wasserfall
umi	*u-mi*	Meer
yama	*ya-ma*	Berg

Tabelle 7.2: Naturräume und Landschaften

Neben verträumten Blicken auf die Natur können Sie sich natürlich durch **haikingu** (*hei-kin-gu*; wandern), **saikuringu** (*sei-ku-rin-gu*; Fahrrad fahren) oder **suiei** (*sui-eh*; schwimmen) auch ein bisschen fit halten.

Sportlich aktiv sein

Dass Sie sich mit dem unregelmäßigen Verb **suru** (*su-ru*; tun, machen) auch auf sportlichem Gebiet betätigen können, haben Sie bereits trainiert, ob Sie nun **badominton o suru** (*ba-do-min-ton o su-ru*; Badminton spielen) oder **gorufu o suru** (*go-ru-fu o su-ru*; golfen).

Zu den populärsten Sportarten in Japan zählen **yakyū** (*ya-kyuh*; Baseball) und **sakkā** (*sak-kah*; Fußball), aber natürlich gibt es auch

- ✔ **barēbōru** (*ba-reh-boh-ru*; Volleyball)
- ✔ **basukettobōru** (*ba-su-ket-to-boh-ru*; Basketball)
- ✔ **sukēto** (*su-keh-to*; Schlittschuh laufen)
- ✔ **sukī** (*su-kih*; Ski fahren)
- ✔ **sāfin** (*sah-fin*; surfen)
- ✔ **tenisu** (*te-ni-su*; Tennis spielen)

Und wo bleiben diese schwergewichtigen Ringkämpfer? Sumo oder wie das heißt. Wenn Sie diese Umschrift sehen, werden Sie es in der Regel falsch aussprechen und sich wundern, warum Sie in Japan niemand versteht, obwohl **sumō** (*su-moh*, nicht: suh-mo) auf der Beliebtheitsskala weit oben zu finden ist. **Sumō** ist der traditionelle japanische Ringkampf, dessen Entstehung bis weit in die Geschichte Japans zurückverfolgt werden kann. Ziel ist es, den Gegner so aus dem Gleichgewicht zu bringen, dass er mit jedem anderen Körperteil außer den Fußsohlen den sandbedeckten Ringboden berührt.

In den letzten Jahren kommen einige der **rikishi** (*ri-ki-shi*; Ringer) – viele besitzen Kultstatus – auch aus dem Ausland, vor allem aus der Mongolei. Zuvor zählten nach den Japanern diejenigen aus Hawaii zu den erfolgreichsten Ringern, von denen einer Anfang der 1990er-Jahre als erster Ausländer den höchsten Rang im **sumō**, den Titel eines **yokozuna** (*yo-ko-zu-na*), erlangen konnte.

Vielleicht interessieren Sie sich aber auch für andere traditionelle Sportarten wie

- ✔ **karate** (*ka-ra-te,* nicht: *ka-rah-te*; Karate)
- ✔ **kendō** (*kendoh*; japanischer Schwertkampf, Kendo)
- ✔ **kyūdō** (*kyuh-doh*; Bogenschießen)

Potentialis: »Etwas tun können«

Um im Japanischen auszudrücken, dass man »etwas tun kann«, müssen Sie an die u-Verben das Suffix **-eru** (*e-ru*) beziehungsweise an dieru-Verben das Suffix **-rareru** (*ra-re-ru*) anfügen. Damit die Suffixe aber auch wirklich an den vorgesehenen Stellen anhaften, bleibt es Ihnen nicht erspart, die Verben entsprechend vorzubereiten:

- ✔ u-Verben: Sie ersetzen bei der Wörterbuchform das letzte **u** durch das Suffix **-eru** und aus **hanasu** (*ha-na-su*; sprechen) wird **hanaseru** (*ha-na-se-ru*; sprechen können), aus **aruku** (*a-ru-ku*; zu Fuß gehen) wird **arukeru** (*a-ru-ke-ru*; zu Fuß gehen können), aus **yomu** (*yo-mu*; lesen) wird **yomeru** (*yo-me-ru*; lesen können), aus **kau** (*kau*; kaufen) wird **kaeru** (*kae-ru*; kaufen können) und aus **toru** (*to-ru*; nehmen) wird **toreru** (*to-re-ru*; nehmen können). Da es im Japanischen keine Silbe **tse** gibt, müssen Sie nur bei den Verben, die auf **-tsu** enden, darauf achten, dass zum Beispiel aus **matsu** (*ma-tsu*; warten) nicht *[matseru]*, sondern **materu** (*ma-te-ru*; warten können) wird.

- ✔ ru-Verben: Sie ersetzen bei der Wörterbuchform das letzte **ru** durch das Suffix **-rareru** und aus **taberu** (*ta-be-ru*; essen) wird **taberareru** (*ta-be-ra-re-ru*; essen können), aus **okiru** (*o-ki-ru*; [aus dem Bett] aufstehen) wird **okirareru** (*o-ki-ra-re-ru*; [aus dem Bett] aufstehen können).

Als unregelmäßige Verben bleiben **suru** (*su-ru*; tun, machen) und **kuru** (*ku-ru*; kommen) auch hier ihrer Rolle treu, denn aus **suru** wird **dekiru** (*de-ki-ru*) und aus **kuru** wird **korareru** (*ko-ra-re-ru*).

Eine letzte Besonderheit ist zu beachten, wenn im Satz ein direktes Objekt vorkommt – aus der Partikel **o** wird in diesen Fällen die Partikel **ga**: **sushi o tsukuru** (*su-shi o tsu-ku-ru*; Sushi zubereiten) wird zu **sushi ga tsukureru** (*su-shi ga tsu-ku-re-ru*; Sushi zubereiten können).

In der höflich-neutralen Stufe verhalten sich die Suffixe wie ru-Verben, wenn die verschiedenen Formen von **-masu** angefügt werden; so wird aus **-eru** zum Beispiel **-emasu**, aus **-rareru** zum Beispiel **-raremasu**, aus **dekiru dekimasu** und aus **korareru koraremasu**.

✔ **Adamu wa karate ga dekimasu.** (*a-da-mu wa ka-ra-te ga de-ki-ma-su*; Adam kann Karate.)

✔ **Chichi wa nihongo ga hanasemasen.** (*tchi-tchi wa ni-hon-go ga ha-na-se-ma-sen*; Mein Vater kann kein Japanisch sprechen.)

✔ **Kurausu wa hashi ga tsukaemasu.** (*ku-rau-su wa ha-shi ga tsu-kae-ma-su*; Klaus kann Stäbchen benutzen / mit Stäbchen essen.)

✔ **Watashi wa nihongo ga hanasemasu.** (*wa-ta-shi wa ni-hon-go ga ha-na-se-ma-su*; Ich kann Japanisch sprechen.)

Handwerkliches und künstlerisches Gestalten

Warum nicht einmal die eigenen **kangae** (*kan-gae*; Gedanken) und **kimochi** (*ki-mo-tchi*; Gefühle) in Kunst umsetzen, sich nicht um strikte Normen und Regeln kümmern, die der **jōshiki** (*dschoh-shi-ki*; gesunde Menschenverstand) vorgibt, sondern sich einfach der **sōzōryoku** (*soh-zoh-ryoku*; Kreativität; Vorstellungskraft) überlassen? Bleibt nur, das richtige Gebiet zu finden, auf dem Sie Ihr Talent erproben wollen:

- ✔ **chōkoku** (*tchoh-ko-ku*; Bildhauen, Schnitzen)
- ✔ **kaiga** (*kei-ga*; Malen und Zeichnen)
- ✔ **tōgei** (*toh-geh*; Töpfern)

In den **karuchā sentā** (*ka-ru-tchah sen-tah*; VHS-ähnlichen Kulturzentren) finden Sie natürlich auch Japanisch-Traditionelles wie

- ✔ **ikebana** (*i-ke-ba-na*; Blumenstecken, Ikebana)
- ✔ **ryōri** (*ryoh-ri*; Kochen)
- ✔ **sadō** (*sa-doh*; Teezeremonie)
- ✔ **shodō** (*sho-doh*; Kalligrafie)

Ob Sie **piano** (*pi-a-no*; Klavier-) oder **baiorin ressun** (*bei-o-rin res-sun*; Geigenunterricht) nehmen oder in einer **rokku bando** (*rok-ku ban-do*; Rockband) zur **erekigitā** (*e-re-ki gi-tah*; E-Gitarre) greifen, Hauptsache es macht Spaß, ein **gakki** (*gak-ki*; Musikinstrument) für sich entdeckt zu haben. Wenn noch nichts für Sie dabei gewesen ist, wie wäre es mit

- ✔ **doramu [setto]** (*do-ra-mu [set-to]*; Schlagzeug)
- ✔ **furūto** (*fu-ruh-to*; Flöte)

✔ **gitā** (*gi-tah*; Gitarre)

✔ s**akusofon** (*sa-ku-so-fon*; Saxofon)

✔ **torampetto** (*to-ram-pet-to*; Trompete)

Sie könnten natürlich auch versuchen, sich ein wenig mit traditioneller japanischer Musik vertraut zu machen und Mut fassen für:

✔ **koto** (*ko-to*; sechs- oder dreizehnsaitige japanische Zither, Koto)

✔ **shakuhachi** (*sha-ku-ha-tchi*; Bambuslängsflöte mit fünf Löchern)

✔ **shamisen** (*sha-mi-sen*; dreisaitige Laute, Schamisen)

✔ **taiko** (*tei-ko*; große japanische Trommel)

Mit **suru** geht im Japanischen viel, aber nicht alles. Ein Musikinstrument begnügt sich nicht mit einem allgemeinen **suru:** Blasinstrumente fordern **fuku** (*fu-ku*), Streich- oder Tasteninstrumente **hiku** (*hi-ku*) und Schlaginstrumente **tataku** (*ta-ta-ku*):

✔ **baiorin o hiku** (*bei-o-rin o hi-ku*; Geige spielen)

✔ **doramu o tataku** (*do-ra-mu o ta-ta-ku*; Schlagzeug spielen)

✔ **furūto o fuku** (*fu-ruh-to o fu-ku*; Flöte spielen)

✔ **orugan o hiku** (*o-ru-gan o hi-ku*; Orgel spielen)

✔ **piano o hiku** (*pi-a-no o hi-ku*; Klavier spielen)

✔ **torampetto o fuku** (*to-ram-pet-to o fu-ku*; Trompete spielen)

Kleiner Wortschatz

gakki	*gak-ki*	Musikinstrument
happyōkai	*hap-pyoh-kei*	Vorführung, Vorstellung, Präsentation
renshū suru (unregelmäßig)	*ren-shuh su-ru*	üben
ressun	*res-sun*	Unterricht, Stunden

Rund ums Einladen

Wenn Sie nicht allein unterwegs sein wollen, fragen Sie, ob nicht jemand Lust und Zeit hat, **issho ni** (*ish-sho ni*; gemeinsam) etwas in der **machi** (*ma-tchi*; Stadt) zu unternehmen. Oder Sie können eine **hōmu pātī** (*hoh-mu pah-tih*; Party zu Hause) geben, sofern Sie mit dem u-Verb **sasou** (*sa-sou*; einladen) zurechtkommen:

Form	Aussprache
sasou	*sa-sou*
sasowanai	*sa-so-wa-nei*
sasoi	*sa-seu*
sasotte	*sa-sot-te*

Etwas vorschlagen

Im Japanischen ist es recht einfach, jemandem einen Vorschlag zu machen wie »Sollen/wollen wir nicht …?«, »Wie wäre es, wenn …?« oder »Hätten Sie nicht Lust, …?«, denn Sie kennen schon alle grammatischen Elemente, die Sie dafür brauchen: Das Verb in der Stammform, die höflich-neutrale Verneinung **-masen** (*ma-sen*), die Fragepartikel **ka** (*ka*) und schon können Sie Ihre Umwelt mit allerlei Vorschlägen beglücken, beispielsweise in Verbindung mit den Verben **iku** (*i-ku*; gehen), **suru** (*su-ru*; tun, machen), **utau** (*u-tau*; singen) oder **taberu** (*ta-be-ru*; essen):

✔ **Eigakan ni ikimasen ka.** (*eh-ga-kan ni i-ki-ma-sen ka*; Wollen wir nicht ins Kino gehen?)

✔ **Itsuka issho ni tenisu o shimasen ka.** (*i-tsu-ka ish-sho ni te-ni-su o shi-ma-sen ka*; Sollen wir nicht einmal zusammen Tennis spielen?

✔ **Kondo issho ni sushi o tabemasen ka.** (*kon-do ish-sho ni su-shi o ta-be-ma-sen ka*; Wollen wir nicht nächstes Mal zusammen Sushi essen?)

Sie können auch etwas aktiv-aufmunternder klingen, indem Sie statt der Frage mit **-masen ka** nur **-mashō** (*ma-shoh*; Lass/lasst uns …!) an die Stammform hängen:

✔ **Issho ni utaimashō.** (*ish-sho ni u-tei-ma-shoh*; Lasst uns zusammen singen!)

✔ **Komban issho ni nomimashō.** (*kom-ban ish-sho ni no-mi-ma-shoh*; Lasst uns heute Abend zusammen etwas trinken!)

✔ **Kondo issho ni eiga o mimashō.** (*kon-do ish-sho ni eh-ga o mi-ma-shoh*; Lasst uns nächstes Mal gemeinsam einen Film anschauen!)

Und wenn Sie die Partikel **ka** (*ka*) anfügen, fragen Sie »Sollen/wollen wir …?«:

- ✔ **Chesu o shimashō ka.** (*tche-su o shi-ma-shoh ka*; Sollen wir eine Partie Schach spielen?)
- ✔ **Ueno Kōen ni ikimashō ka.** (*ue-no koh-en ni i-ki-ma-shoh ka*; Sollen wir in den Ueno-Park gehen?)

Eine zweite praktische Anwendung für **-mashō ka** ist die Frage, ob man etwas für jemanden tun kann. Wie so oft entscheidet die Situation, welche der beiden Bedeutungen gemeint ist:

- ✔ **Nanika motte-ikimashō ka.** (*na-ni-ka mot-te-i-ki-ma-shoh ka*; Soll ich etwas mitbringen?)
- ✔ **Bīru o motte-kimashō ka.** (*bih-ru o mot-te-ki-ma-shoh-ka*; Soll ich Bier holen?)
- ✔ **Tetsudaimashō ka.** (*te-tsu-dei-ma-shoh-ka*; Soll ich Ihnen helfen?)

Freunde zu sich nach Hause einladen

Wenn Sie Freunde zu sich nach Hause einladen, kommt es nicht darauf an, ob Sie genug Essbares besorgt, den Kühlschrank mit Getränken gefüllt und die Wohnung aufgeräumt haben, sondern ob Sie die vier Formen des unregelmäßigen Verbs **kuru** (*ku-ru*; kommen) beherrschen, denn ohne **kuru** wird niemand zu Ihnen kommen können:

Form	Aussprache
kuru	*ku-ru*
konai	*ko-nei*
ki	*ki*
kite	*ki-te*

Jetzt sind Sie bereit, die wichtigen Fragen zu stellen:

✔ **Uchi ni kimasen ka.** (*u-tchi ni ki-ma-sen ka*; Hättet ihr nicht Lust, zu mir nach Hause zu kommen?)
✔ **Ashita watashi no apāto ni kimasen ka**. (*a-shta wa-ta-shi no a-pah-to ni ki-ma-sen ka*; Wie wäre es, wenn ihr morgen zu mir kommt?)

Sollten Sie eingeladen werden, können Sie sich höflichkeitshalber erkundigen, ob Sie etwas **motte-iku** (*mot-te-i-ku*; mitbringen) sollen, auch wenn das von Ihren japanischen Gastgebern in der Regel verneint wird.

Beruflicher Alltag und Telefongespräche

8

> **In diesem Kapitel**
> ✔ Sich geschäftlich unterhalten
> ✔ Im Büro arbeiten
> ✔ Sich um eine Stelle bewerben
> ✔ Telefonieren

Vielleicht gibt es Schöneres, als sich in Japan auf den Weg zur Arbeit zu machen, aber wenn es denn schon sein muss, sollten Sie auf die grundlegendsten Situationen sprachlich vorbereitet sein.

Sich über die Arbeit unterhalten

Möchten Sie sich mit jemandem über die **shigoto** (*shi-go-to*; Arbeit) unterhalten, können Sie sich ruhig mit **O-shigoto wa nan desu ka** (*o-shi-go-to wa nan de-su ka*; Was machen Sie beruflich?) danach erkundigen. Eine kürzere Variante wäre **O-shigoto wa** (*o-shi-go-to wa*; Und Ihre Arbeit?), aber für welche Sie sich auch entscheiden, das Höflichkeitspräfix **o-** für die **shigoto** Ihres Gesprächspartners dürfen Sie nicht vergessen. Vielleicht treffen Sie jemanden, der oder die einen der folgenden Berufe ausübt:

✔ **bengoshi** (*ben-go-shi*; Rechtsanwalt)

✔ **isha** (*i-sha*; Arzt)

✔ **jimuin** (*dschi-mu-in*; Verwaltungsangestellter)

- ✔ **kangofu** (*kan-go-fu*; Krankenschwester)
- ✔ **kenkyūin** (*ken-kyuh-in*; Forscher)
- ✔ **kokku** (*kok-ku*; Koch)
- ✔ **kompyūtā puroguramā** (*kom-pyuh-tah pu-ro-gu-ra-mah*; Programmierer)
- ✔ **kyōju** (*kyoh-dschu*; Professor)
- ✔ **kyōshi** (*kyoh-shi*; Lehrer)
- ✔ **uētā** (*ueh-tah*; Kellner)
- ✔ **uētoresu** (*ueh-to-re-su*; Kellnerin)

Mit diesen Berufen sind ganz bestimmte Tätigkeitsfelder verbunden, häufig hört man in Japan aber auch die Bezeichnung **kaishain** (*kei-sha-in*), die nichts anderes heißt, als dass man in einer **kaisha** (*kei-sha*; Firma, Betrieb) oder allgemein im Büro arbeitet, ohne genau zu sagen, welche Funktion man innehat.

Das Büro einrichten

Wer den Status eines **seishain** (*seh-sha-in*; fest angestellten Vollzeitmitarbeiters) innehat, wird wahrscheinlich sehr viel Zeit im **jimusho** (*dschi-ku-sho*; Büro) verbringen – sitzen Sie auf einem bequemen **isu** (*i-su*; Stuhl) an Ihrem **tsukue** (*tsu-kue*; Schreibtisch) und haben einen Moment Zeit? Dann schauen Sie sich um, ob die Büroausstattung vollständig ist:

- ✔ **denwa** (*den-wa*; Telefon)
- ✔ **fakushimiri** (*fa-ku-shi-mi-ri*; Faxgerät)
- ✔ **kompyūtā** (*kom-pyuh-tah*; Computer)

8 ➤ Beruflicher Alltag und Telefongespräche

✔ **kopīki** (*ko-pih-ki*; Kopierer)

✔ **purintā** (*pu-rin-tah*; Drucker)

Die **kōhīmēkā** (*koh-hih-meh-kah*; Kaffeemaschine) ist hoffentlich ebenfalls da. Vergessen Sie aber auch nicht das **bumbōgu** (*bum-boh-gu*; Büromaterial), das häufig dazu neigt, sich in den **hikidashi** (*hi-ki-da-shi*; Schubladen) unsichtbar zu machen:

✔ **bōrupen** (*boh-ru-pen*; Kugelschreiber)

✔ **empitsu** (*em-pi-tsu*; Bleistift)

✔ **empitsukezuri** (*em-pi-tsu-ke-zu-ri*; Bleistiftspitzer)

✔ **hochikisu** (*ho-tchi-ki-su*; Tacker)

✔ **keshigomu** (*ke-shi-go-mu*; Radiergummi)

✔ **nōto** (*noh-to*; Notizbuch)

✔ **nori** (*no-ri*; Kleber)

✔ **panchi** (*pan-tchi*; Locher)

✔ **shāpen** (*shah-pen*; Druckbleistift)

✔ **serotēpu** (*se-ro-teh-pu*; Tesafilm)

Sollten Sie Ihren **bōrupen** (*boh-ru-pen*; Kugelschreiber) nicht finden, fragen Sie Ihre **dōryō** (*doh-ryoh*; Kollegen) unter Verwendung von **aru** (*a-ru*; sein, existieren; haben): Fügen Sie an die Stammform das höflich-neutrale Suffix **-masu** an, anschließend die Fragepartikel **ka** (*ka*), dann steht Ihnen bereits **arimasu ka** (*a-ri-ma-su ka*; Haben Sie …?) zur Verfügung. Am Anfang des Satzes markieren Sie das Thema mit der Partikel **wa**, schon steht einer Frage nach Kugelschreibern und anderen Utensilien nichts mehr im Wege:

- ✔ **Bōrupen wa arimasu ka.** (*boh-ru-pen wa a-ri-ma-su ka*; Haben/Hätten Sie einen Kugelschreiber?)
- ✔ **Hochikisu wa arimasu ka.** (*ho-tchi-ki-su wa a-ri-ma-su ka*; Haben/Hätten Sie einen Tacker?)

Kleiner Wortschatz

jimusho	*dschi-mu-sho*	Büro
jōshi	*dschoh-shi*	Vorgesetzter
kaisha	*kei-sha*	Firma, Betrieb
shigoto	*shi-go-to*	Arbeit
tsukue	*tsu-kue*	Schreibtisch
dōryō	*doh-ryoh*	Kollege

Sich an neue Herausforderungen wagen

Wenn Sie sich verändern möchten und eine neue **shigoto** (*shi-go-to*; Arbeit) **sagasu** (*sa-ga-su*; suchen), haben Sie sich bestimmt gut auf ein mögliches **mensetsu** (*men-se-tsu*; Vorstellungsgespräch) vorbereitet – so gut, dass Ihnen die Formen des u-Verbs **sagasu** aus Kapitel 6 keinerlei Probleme bereiten. Natürlich wird auch Ihre **shokureki** (*sho-ku-re-ki*; Berufserfahrung) zur Sprache kommen, andererseits sollten Sie auch genau die **jōken** (*dschoh-ken*; Bedingungen) prüfen, bevor Sie eine Entscheidung treffen:

- ✔ **kenkō hoken** (*ken-koh ho-ken*; Krankenversicherung)
- ✔ **kyūjitsu shukkin** (*kyuh-dschi-tsu shuk-kin*; Arbeiten an Feiertagen)

- ✔ **kyūryō** (*kyuh-ryoh*; Gehalt)
- ✔ **yūkyū kyūka** (*yuh-kyuh kyuh-ka*; bezahlter Urlaub)
- ✔ **zangyō** (*zan-gyoh*; Überstunden)
- ✔ **zangyō teate** (*zan-gyoh te-a-te*; Überstundenbezahlung)

Damit es kein böses Erwachen gibt, wenn Sie Ihren **keiyaku** (*keh-ya-ku*; Vertrag) unterschrieben haben, müssten Sie diese Fragen vorher stellen:

- ✔ **Watashi no shigoto wa nan desu ka.** (*wa-ta-shi no shi-go-to wa nan de-su ka*; Was ist meine Arbeit?)
- ✔ **Doyōbi mo hatarakanakute wa ikemasen ka.** (*do-yoh-bi mo ha-ta-ra-ka-na-kte wa i-ke-ma-sen ka*; Muss ich auch am Samstag arbeiten?)
- ✔ **Sōji wa watashi no shigoto desu ka.** (*soh-dschi wa wa-ta-shi no shi-go-to de-su ka*; Ist Saubermachen meine Arbeit?)

Nun können Sie anfangen zu **hataraku** (*ha-ta-ra-ku*; arbeiten), und nehmen Sie sich am besten gleich dieses u-Verb vor:

Form	Aussprache
hataraku	*ha-ta-ra-ku*
hatarakanai	*ha-ta-ra-ka-nei*
hataraki	*ha-ta-ra-ki*
hataraite	*ha-ta-rei-te*

Im Japanischen gibt es kein Modalverb »müssen«, stattdessen wird ähnlich wie bei »können« wieder ein Suffix an das Verb angefügt – und richtig, das Verb muss erst entsprechend vorbereitet werden. Dabei brauchen Sie allerdings nichts weiter zu tun, als das letzte **i** der Verneinungsform je nach Stilebene entweder durch **-kute wa ikenai** (*kte wa i-ke-nei*) oder **-kute wa ikemasen** (*kte wa i-ke-ma-sen*) zu ersetzen.

Hier einige Beispielsätze im höflich-neutralen Stil, die entsprechenden Verneinungsformen lauten **sagasanai, shinai** und **kaeranai**:

✔ **Ii shigoto o sagasanakute wa ikemasen.** (*ih shi-go-to o sa-ga-sa-na-kte wa i-ke-ma-sen*; Ich muss mir eine gute Arbeit suchen.)

✔ **Kyō wa zangyō o shinakute wa ikenai-n-desu.** (*kyoh wa zan-gyoh o shi-na-kte wa i-ke-nei-n-de-su*; Ich muss heute Überstunden machen.)

✔ **Mō kaeranakute wa ikemasen ka.** (*moh kae-ra-na-kte wa i-ke-ma-sen ka*; Müssen Sie schon nach Hause gehen?)

In Japan werden **jōshi** (*dschoh-shi*; Vorgesetzte) von ihren **buka** (*bu-ka*; Mitarbeitern, Untergebenen) mit Nachnamen und Funktionsbezeichnung angesprochen, alles andere wäre eine nicht zu tolerierende Respektlosigkeit. Sollte Ihr Firmenchef oder Ihre Firmenchefin mit Nachnamen Tanaka heißen, ist **Tanaka-shachō** (*ta-na-ka-sha-tchoh*; Herr/Frau Tanaka) und nicht **Tanaka-san** (*ta-na-ka-san*; Herr/Frau Tanaka) die korrekte Anrede. Bei Mitarbeitern oder Untergebenen genügt **-san** (*san*) oder **-kun** (*kun*), wobei **-kun** oft für jüngere Kollegen und Kolleginnen benutzt wird. So wären sowohl Ihr Assistent namens Wakabayashi Jirō als auch Ihre Assistentin namens Wakabayashi Midori beide grundsätzlich mit **Wakabayashi-kun** (*wa-ka-ba-ya-shi-kun*;

Herr/Frau Wakabayashi) anzureden. Einige weitere Bezeichnungen sind:

- ✔ **buchō** (*bu-tchoh*; Hauptabteilungsleiter)
- ✔ **fukushachō** (*fu-ku-sha-tchoh*; Vizepräsident)
- ✔ **kachō** (*ka-tchoh*; Abteilungsleiter)
- ✔ **kakarichō** (*ka-ka-ri-tchoh*; Teamleiter, Gruppenleiter)
- ✔ **shachō** (*sha-tchoh*; Firmenchef; Präsident)

Telefonieren

Denshi mēru (*den-shi meh-ru*; E-Mails) mögen äußerst praktische Kommunikationsmittel sein und ihre Vorteile besitzen, die **koe** (*koe*; Stimme) jedoch wird nicht übermittelt und ein **denwa no kaiwa** (*den-wa no kei-wa*; Telefongespräch) bleibt eben manchmal etwas Besonderes.

Auch wenn es gar nicht so lange her ist, dass man erst einen **kōshū denwa** (*koh-shuh den-wa*; öffentlichen Fernsprecher) suchen musste, bevor man unterwegs jemanden per Telefon erreichen konnte, dürfte heutzutage fast jeder sein **keitai denwa** (*keh-tei den-wa*; Handy) dabeihaben. Unabhängig vom Alter Ihres Modells sollten Sie die grundlegenden japanischen Begriffe kennen:

- ✔ **denwa o kakeru** (*den-wa o ka-ke-ru*; einen Anruf machen)
- ✔ **denwa o morau** (*den-wa o mo-rau*; einen Anruf bekommen)

- ✔ **denwa bangō** (*den-wa ban-goh*; Telefonnummer)
- ✔ **denwachō** (*den-wa-tchoh*; Telefonbuch)
- ✔ **keitai denwa** (*keh-tei den-wa*; Handy)
- ✔ **kōshū denwa** (*koh-shuh den-wa*; öffentlicher Fernsprecher)
- ✔ **terefon kādo** (*te-re-fon kah-do*; Telefonkarte)

Kakeru, das Sie für **denwa o kakeru** (*den-wa o ka-ke-ru*; einen Anruf machen) benutzen, ist ein ru-Verb:

Form	Aussprache
kakeru	*ka-ke-ru*
kakenai	*ka-ke-nei*
kake	*ka-ke*
kakete	*ka-ke-te*

Bei Freunden anrufen

Wenn sich am anderen Ende der Leitung niemand – oder niemand mehr – meldet, ist **moshi-moshi** (*mo-shi-mo-shi*) das Losungswort, mit dem Sie Ihren Gesprächspartner auffordern, etwas zu sagen. Je nach Situation können Sie es als »Bist du / Sind Sie noch dran?«, »Hallo, wer ist dran?« oder als einfache Rückfrage »Hallo?« benutzen.

Möchten Sie beispielsweise mit Mayumi am Telefon über die **shukudai** (*shu-ku-dei*; Hausaufgaben) **hanasu** (*ha-na-su*; sprechen), sie zu einer **pātī** (*pah-tih*; Party) **sasou** (*sa-sou*; einladen) oder einfach nur **o-shaberi o suru** (*o-sha-be-ri o su-ru*; plaudern), nimmt aber deren **okāsan** (*o-kah-san*; Mutter) den Hörer ab, sagen Sie Ihren Namen **Myurā desu ga** (*myu-rah de-su ga*; Hier ist Müller.) und fragen Sie, ob Sie Mayumi sprechen könnten: **Mayumi-san o o-negai-shimasu** (*ma-yu-mi-san o o-ne-gei-shi-ma-su*; Ich hätte gern Mayumi gesprochen.).

Haben Sie nach der ersten Schrecksekunde vergessen, Ihren Namen zu nennen, werden Sie wahrscheinlich zunächst **dochira-sama desu ka** (*do-tchi-ra-sa-ma de-su ka*; Wer ist am Apparat, bitte?) am anderen Ende hören.

Kleiner Wortschatz

Moshi-moshi	mo-shi-mo-shi	Hallo?
hanasu (u-Verb)	ha-na-su	sprechen
o-shaberi o suru	o-sha-be-ri o su-ru	plaudern
____-san o o-negai-shimasu	-san o o-ne-gei-shi-ma-su	Ich hätte gern Herrn/Frau ____ gesprochen.
Chotto matte kudasai.	tchot-to mat-te ku-da-sei	Einen Moment, bitte.
Dochira-sama desu ka.	do-tchi-ra-sa-ma de-su ka	Wer ist am Apparat, bitte?

Bei Hotels, Restaurants oder Geschäften anrufen

Grundsätzlich melden sich **hoteru** (*ho-te-ru*; Hotels), **resutoran** (*re-su-to-ran*; Restaurants) oder **mise** (*mi-se*, nicht *mihse*; Geschäfte, Läden) am Telefon mit dem Hotel-, Restaurant- oder Geschäftsnamen und fügen statt des höflich-neutralen **desu** (*de-su*) das besonders höfliche **de gozaimasu** (*de go-zei-ma-su*) hinzu, beispielsweise **Hoteru Sanraizu de gozaimasu** (*ho-te-ru san-rei-zu de go-zei-ma-su*; Hier ist das Hotel Sunrise, [was kann ich für Sie tun?]). Wenn Sie die richtige Nummer gewählt haben, sagen Sie, wen Sie sprechen möchten:

✔ **Adamu Shumitto-san o o-negai-shimasu.** (*a-da-mu shu-mit-to-san o o-ne-gei-shi-ma-su*; Ich hätte gern Herrn Adam Schmidt gesprochen.)

✔ **Naisen 403-ban ni tsunaide kudasai.** (*nei-sen yon-hya-ku-san-ban ni tsu-nei-de ku-da-sei*; Verbinden Sie mich bitte mit der 403.)

✔ **Eigyōbu no kata o o-negai-shimasu.** (*eh-gyoh-bu no ka-ta o o-ne-gei-shi-ma-su*; Ich hätte gern jemanden vom Verkauf gesprochen.)

Es kann sein, dass Sie sich ein bisschen gedulden müssen:

✔ **Shōshō o-machi kudasai.** (*shoh-shoh o-ma-tchi ku-da-sei*; Bitte warten Sie einen Augenblick.)

✔ **O-matase shimashita.** (*o-ma-ta-se shi-ma-shta*; Entschuldigen Sie bitte, dass Sie warten mussten.)

✔ **Mō 10-pun matte iru-n-desu ga.** (*moh dschup-pun matte i-run-de-su ga*; Ich warte schon seit zehn Minuten.)

Sagen, was man möchte

Auf den ersten Blick mag es nicht ganz so einfach erscheinen, im Japanischen Wünsche zum Ausdruck zu bringen, wenn Sie jetzt erfahren, dass es gar kein Verb »wollen« gibt, sondern dass Sie für »Ich will das, ich will jenes« ein Adjektiv einsetzen müssen – das Suffix **-tai**.

Ob Sie ein **keitai denwa o kau** (*keh-tei den-wa o kau*; Handy kaufen), **mizu o nomu** (*mi-zu o no-mu*; Wasser trinken) oder **sushi o taberu** (*su-shi o ta-be-ru*; Sushi essen) wollen, ob Sie **eki ni iku** (*e-ki ni i-ku*; zum Bahnhof gehen) oder **Kyōto e ryokō suru** (*kyoh-to e ryo-koh su-ru*; nach Kyoto reisen) wollen, alle Verben müssen Sie zunächst in die Stammform setzen, erst dann können Sie das entsprechende Suffix **-tai** (*tei*; tun wollen) anfügen:

- **kaitai** (*kei-tei*; kaufen wollen)
- **nomitai** (*no-mi-tei*; trinken wollen)
- **tabetai** (*ta-be-tei*; essen wollen)

Das Suffix **-tai** verhält sich in allen Belangen genauso wie ein i-Adjektiv. Schlagen Sie die Formen der i-Adjektive noch einmal in Kapitel 2 nach, als Beispiel sei hier nur noch einmal die Verneinung angeführt, bei der das **i** von **-tai** durch **-kunai** ersetzt wird, sodass **-takunai** (*ta-ku-nei*; etwas nicht tun wollen) entsteht:

- **kaitakunai** (*kei-ta-ku-nei* nicht kaufen wollen)
- **nomitakunai** (*no-mi-ta-ku-nei*; nicht trinken wollen)
- **tabetakunai** (*ta-be-ta-ku-nei*; nicht essen wollen)

Wenden Sie das Suffix **-tai** nun auch in Sätzen an wie:

- **Watashi wa yasumitai desu.** (*wa-ta-shi wa ya-su-mi-tei de-su*; Ich will mich ausruhen.)
- **Watashi wa atarashii kuruma o kaitai desu.** (*wa-ta-shi wa a-ta-ra-shih ku-ru-ma o kei-tei de-su*; Ich will ein neues Auto kaufen.)
- **Kyō wa sutēki o tabetai desu.** (*kyoh wa su-teh-ki o ta-be-tei de-su*; Heute will ich ein Steak essen.)

- **Hawai ni ikitai desu.** (*ha-wei ni i-ki-tei de-su*; Ich will nach Hawaii [gehen].)
- **Nani o shitai desu ka.** (*na-ni o shtei de-su ka*; Was wollen Sie tun?)
- **Uchi ni kaeritai desu.** (*u-tchi ni kae-ri-tei de-su*; Ich will nach Hause zurückgehen.)

In der Übersetzung lesen Sie immer »Ich will«, »Ich will« und so klingt es auch in den Ohren Ihrer Gesprächspartner, je nach Situation können Sie dann fast egoistisch, allzu fordernd oder auch trotzig wirken.

Um einen solchen Eindruck zu vermeiden, steht Ihnen die Floskel **-n-desu ga** (*n-de-su ga*)-n-desu ga zur Verfügung, womit Sie Ihre Bereitschaft signalisieren, mit Ihrem Wunsch beziehungsweise Ihrer Forderung auch die Belange Ihrer Mitmenschen berücksichtigen zu wollen. Zusammen mit dem Suffix **-tai**, woraus dann **-tai-n-desu ga** (*tei-n-de-su-ga*) entsteht, drücken Sie einen höflichen Wunsch mit einer Nuance aus, etwa wie »Ich möchte gern dies oder jenes tun, wenn das möglich wäre« oder »Ich möchte gern dies oder jenes tun, wenn Sie mir dabei helfen könnten«.

Sollten Sie wegen einer **yoyaku** (*yo-ya-ku*; Reservierung) im Hotel anrufen müssen, hätten Sie zwei Möglichkeiten zur Auswahl:

- **Yoyaku o shitai desu.** (*yo-ya-ku o shtei de-su*; Ich will reservieren [ob es geht oder nicht]!)

Sie klingen sehr fordernd.

✔ **Yoyaku o shitai-n-desu ga.** (*yo-ya-ku o shtei-n-de-su ga*; Ich möchte gern reservieren [wenn das möglich wäre / wenn Sie mir dabei helfen könnten].)

Sie klingen freundlich und höflich-unaufdringlich.

Einen Geschäftskunden anrufen

Vielleicht fällt es Ihnen im Moment schwer, sich vorzustellen, jemals einen **shigoto no o-kyaku-san** (*shi-go-to no o-kya-ku-san*; Geschäftskunden) anzurufen, um geschäftliche Dinge auf Japanisch zu besprechen, aber erstens können Sie nicht wissen, ob Sie nicht doch einmal in diese Lage kommen, und zweitens ist es sicherlich nicht ausgeschlossen, dass Sie als Kunde angerufen werden, beispielsweise von einer **honya** (*hon-ya*; Buchhandlung), bei der Sie ein **hon** (*hon*; Buch) bestellt haben. Spätestens dann wird es nützlich, das entsprechende Verhalten und die üblichen Redewendungen zu kennen.

Der einzelne Mitarbeiter, der im Auftrag seiner **kaisha** (*kei-sha*; Firma) oder des **mise** (*mi-se*; Ladens) anruft, steht nicht im Vordergrund, sondern er gilt stets als Repräsentant seines Arbeitgebers, daher ist unbedingt der Firmenname vor dem Eigennamen zu nennen.

Statt **konnichi wa** (*kon-ni-tchi wa*; Guten Tag) folgt dann **o-sewa ni natte orimasu** (*o-se-wa ni nat-te o-ri-ma-su*), was zwar auch mit »Guten Tag« übersetzt werden kann, wobei je nach Zusammenhang »Vielen Dank für Ihren Auftrag.« oder »Wir bedanken uns für die gegenseitigen Geschäftsbeziehungen.« stets mitverstanden wird.

Kleiner Wortschatz

honya	*hon-ya*	Buchhandlung
kaisha	*kei-sha*	Firma, Betrieb
mise	*mi-se*, nicht: *mih-se*	Geschäft, Laden
o-kyaku-san	*o-kya-ku-san*	Kunde
O-sewa ni natte orimasu	*o-se-wa ni nat-te o-ri-ma-su*	Guten Tag [und vielen Dank für die Geschäftsbeziehungen]

Eine Nachricht hinterlassen

Nicht immer hat man am Telefon Glück und es kann sein, dass Sie nur mit dem **rusuban denwa** (*ru-su-ban den-wa*; Anrufbeantworter) verbunden sind, der Sie gleich auffordern wird, nach dem Piep eine **dengon** (*den-gon*; Nachricht) auf das Band zu sprechen. Oder Sie haben **dareka** (*da-re-ka*; jemanden) am Apparat, der Sie fragt, ob er etwas ausrichten soll.

Möchten Sie eine neue **dengon o nokosu** (*den-gon o no-ko-su*; Nachricht hinterlassen), sollte über Form und Aussprache dieses u-Verbs zunächst Klarheit herrschen:

Form	Aussprache
nokosu	*no-ko-su*
nokosanai	*no-ko-sa-nei*
nokoshi	*no-ko-shi*
nokoshite	*no-ko-shte*

Alexandra könnte auf dem Anrufbeantworter ihrer Freundin Yukiko eine solche Nachricht hinterlassen:

✔ **Moshi-moshi. Yukiko-san. Arekusandora desu. Ashita issho ni eiga o mimasen ka. Yokattara o-denwa o kudasai. 03-3355-5532 desu. Dōmo.** (*mo-shi-mo-shi. yu-ki-ko-san. a-re-ku-san-do-ra de-su. a-shta ish-sho ni eh-ga o mi-ma-sen ka. yo-kat-ta-ra o-den-wa o ku-da-sei. ze-ro-san san-san-go-go go-go-san-ni de-su. doh-mo*; Hallo Yukiko. Hier ist Alexandra. Hast du Lust, morgen ins Kino zu gehen? Bitte ruf mich unter 03-3355-5532 zurück, wenn du magst. Danke.)

Um Missverständnisse zu vermeiden, stellen Sie bei Ihrer Nachricht klar, wie es weitergehen soll:

✔ **Kaettara denwa o kudasai.** (*kaet-ta-ra den-wa o ku-da-sei*; Wenn du zurückkommst, ruf mich bitte an.)

✔ **Mata denwa o shimasu.** (*ma-ta den-wa o shi-ma-su*; Ich rufe noch mal an.)

✔ **Yokattara o-denwa o kudasai.** (*yo-kat-ta-ra o-den-wa o ku-da-sei*; Bitte ruf zurück, wenn du magst.)

Im Fall eines geschäftlichen Anrufs, bei dem Sie etwas ausrichten möchten, können Sie diese höflicheren Formulierungen nutzen:

✔ **Denwa ga atta koto o o-tsutae kudasai.** (*den-wa ga at-ta ko-to o o-tsu-tae ku-da-sei*; Würden Sie bitte ausrichten, dass ich angerufen habe.)

✔ **Mata kochira kara o-denwa o itashimasu.** (*ma-ta ko-tchi-ra ka-ra o-den-wa o i-ta-shi-ma-su*; Ich rufe noch mal an.)

✔ **O-denwa o itadakitai-n-desu ga.** (*o-den-wa o i-ta-da-ki-tei-n-de-su ga*; Er/sie möge mich bitte zurückrufen.)

✔ **Sukoshi okureru to tsutaete kudasai.** (*sko-shi o-ku-re-ru to tsu-tae-te ku-da-sei*; Richten Sie bitte aus, dass ich mich ein bisschen verspäte.)

Die Partikel **to** (*to*), auf der beispielsweise Verben wie **iu** (*yu*; sagen), **kaku** (*ka-ku*; schreiben) oder **tsutaeru** (*tsu-tae-ru*; ausrichten, mitteilen) folgen, bezeichnet als sogenannte Zitationspartikel das, was man sagt, schreibt oder mitteilt und fungiert in diesen Fällen wie »dass« im Deutschen, die Reihenfolge im Satz ist jedoch umgekehrt:

✔ **...to iu** (*to yu*; sagen, dass ...)

Tanaka-san wa kuru to iimashita. (*ta-na-ka-san wa ku-ru to ih-ma-shta*; Herr Tanaka hat gesagt, dass er kommt.)

✔ **...to kaku** (*to ka-ku*; schreiben, dass ...)

10,000 en karita to kakimashita. (*i-tchi-man en ka-ri-ta to ka-ki-ma-shta*; Ich habe geschrieben, dass ich mir 10.000 Yen geliehen habe.)

✔ **...to tsutaeru** (*to tsu-tae-ru*; ausrichten, mitteilen, dass ...)

Mata kimasu to tsutaete kudasai. (*ma-ta ki-ma-su to tsu-tae-te ku-da-sei*; Richten Sie bitte aus, dass ich wiederkomme.)

8 ▶ Beruflicher Alltag und Telefongespräche

Zur Übung hier das u-Verb **iu** (*yu*; sagen), bei dem Sie sich durch die Kürze nicht irritieren lassen dürfen, die Formen werden vollkommen regelmäßig gebildet:

Form	Aussprache
iu	*yu*
iwanai	*i-wa-nei*
ii	*ih*
itte	*it-te*

Auf die gleiche Weise wie das Höflichkeitspräfix **o-** (*o*) – vergleichen Sie hierzu Kapitel 4 – wird das Höflichkeitspräfix **go-** (*go*) zur respektvollen Bezeichnung von Dingen benutzt, die nicht zu Ihrem Bereich, sondern zum Bereich Ihres Gesprächspartners gehören. Welches Präfix angewendet werden muss, hängt von dem jeweiligen Nomen ab, sodass Sie sich Präfix und Nomen gleich zusammen merken sollten. Sie werden sehen, mit der Zeit entscheiden Sie sich dann ganz automatisch richtig, ob es **o-** oder **go-** heißen muss. Einige Beispiele sind:

- ✔ **go-dengon** (*go-den-gon*; Ihre Nachricht)
- ✔ **go-shōtai** (*go-shoh-tei*; Ihre Einladung)
- ✔ **o-denwa** (*o-den-wa*; Ihr Anruf)

Auf Reisen 9

In diesem Kapitel
- ✔ Mit dem Flugzeug in Japan ankommen
- ✔ Bus, Zug oder Taxi fahren
- ✔ Einen Wagen mieten
- ✔ Nach dem Weg fragen

Sollten Sie kein Freund von Flugreisen sein, können Sie zwar auch auf einem kombinierten Land- und Seeweg von **Doitsu** (*deu-tsu*; Deutschland) das **shimaguni** (*shi-ma-gu-ni*; Inselland) Japan erreichen, in den meisten Fällen wird Sie aber ein **hikōki** (*hi-koh-ki*; Flugzeug) mit einem **chokkōbin** (*tchok-koh-bin*; Direktflug) in etwa elf Stunden nach Japan bringen.

Der Abflug

Um etwaigen unangenehmen Überraschungen vorzubeugen, sollten Sie sich vorher erkundigen, ob für Ihren Aufenthalt der **pasupōto** (*pa-su-poh-to*; Reisepass) genügt oder ob Sie zusätzlich ein **biza** (*bi-za*; Visum) beantragen müssen. Die entsprechenden Internetseiten der japanischen Botschaft (www.de.emb-japan.go.jp/konsular/einreise.html) oder der japanischen Fremdenverkehrszentrale (www.jnto.de/nach-japan/vorbereitungen/einreise.html) liefern die notwendigen Informationen.

Im Flugzeug

Um den langen **kokusaibin** (*ko-ku-sei-bin*; internationalen Flug) nach Japan gut zu überstehen, kann es nicht schaden, für eine größere Auswahl an **seki** (*se-ki*; Sitzplätzen) frühzeitig am **kūkō** (*kuh-koh*; Flughafen) anzukommen und sich einen **madogawa no seki** (*ma-do-ga-wa no se-ki*; Fensterplatz) oder **tsūrogawa no seki** (*tsuh-ro-ga-wa no se-ki*; Gangplatz) zu sichern.

Stöbern Sie nach dem **tōjō tetsuzuki** (*toh-dschoh te-tsu-zu-ki*; Check-in) noch ein wenig in den **menzeiten** (*men-zeh-ten*; Duty-free-Shops) oder warten Sie in der Nähe des **gēto** (*geh-to*; Flugsteigs), bis Sie zum **noru** (*no-ru*; Einsteigen) aufgerufen werden. An die **shukkoku tetsuzuki** (*shuk-ko-ku te-tsu-zu-ki*; Ausreiseformalitäten), wie in Japan üblich, müssen Sie jetzt noch nicht denken.

Achten Sie aber stets auf das Suffix **-bin** (*bin*) hinter einer Zahl, das die Flugnummern kennzeichnet: **18-bin** (*dschuh-ha-tchi-bin*; Flug Nr. 18).

In einem Kapitel über die **kōtsū kikan** (*koh-tsuh ki-kan*; Transport- und Verkehrsmittel) darf das u-Verb **noru** (*no-ru*) nicht fehlen, das situationsbedingt »einsteigen in«, »fahren mit« oder »[ein Fahrzeug] nehmen« bedeutet, unabhängig davon aber stets die Partikel **ni** verlangt.

Form	Aussprache
noru	*no-ru*
noranai	*no-ra-nei*
nori	*no-ri*
notte	*not-te*

- ✔ **hikōki ni noru** (*hi-koh-ki ni no-ru*; ins Flugzeug einsteigen)
- ✔ **jitensha ni noru** (*dschi-ten-sha ni no-ru*; aufs Fahrrad steigen)
- ✔ **densha ni noru** (*den-sha ni no-ru*; in den Zug einsteigen)
- ✔ **takushī ni noru** (*ta-ku-shih ni no-ru*; ins Taxi einsteigen; ein Taxi nehmen)

Haben Sie Ihren Platz im Flugzeug eingenommen, können Sie dem **suchuwādo** (*su-tchu-wah-do*; Flugbegleiter) oder der **suchuwādesu** (*su-tchu-wah-de-su*; Flugbegleiterin) einige Fragen stellen, sich das aber auch für später aufheben:

- ✔ **Eiga wa nanji kara desu ka.** (*eh-ga wa nan-dschi ka-ra de-su ka*; Um wie viel Uhr beginnen die Filme?)
- ✔ **Namban gēto ni tsukimasu ka.** (*nam-ban geh-to ni tsu-ki-ma-su ka*; An welchem Flugsteig kommen wir an?)
- ✔ **Nanji ni tsukimasu ka.** (*nan-dschi ni tsu-ki-ma-su ka*; Um wie viel Uhr kommen wir an?)

Wenn Sie irgendwann wieder aussteigen wollen, bietet das ru-Verb **oriru** (*o-ri-ru*; aussteigen) mit der Partikel **kara**, manchmal auch **o**, eine gute Möglichkeit, das Fortbewegungsmittel wieder zu verlassen:

- ✔ **Hikōki kara orimashita.** (*hi-koh-ki ka-ra o-ri-ma-shta*; Ich bin aus dem Flugzeug gestiegen.)
- ✔ **Ushiro no deguchi kara orite kudasai.** (*u-shi-ro no de-gu-tchi ka-ra o-ri-te ku-da-sei*; Bitte benutzen Sie den hinteren Ausstieg.)

Form	Aussprache
oriru	o-ri-ru
orinai	o-ri-nei
ori	o-ri
orite	o-ri-te

Die Einreisekontrolle passieren

Innerhalb der **Ōshū rengō** (*oh-shuh ren-goh*; Europäischen Union) ist man an **nyūkoku shinsa** (*nyuh-ko-ku shin-sa*; Einreisekontrolle) und **zeikan** (*zei-kan*; Zoll) fast nicht mehr gewöhnt, aber nachdem Sie auf einem japanischen Flughafen gelandet sind, sollten Sie am Schalter für **gaikokujin** (*gei-ko-ku-dschin*; Ausländer) auf einige Fragen ernst blickender Beamter vorbereitet sein:

- ✔ **Pasupōto o misete kudasai.** (*pa-su-poh-to o mi-se-te ku-da-sei*; Ihren Pass bitte.)

- ✔ **Biza wa.** (*bi-za wa*; Haben Sie ein Visum?)

- ✔ **Dono bin de kimashita ka.** (*do-no bin de ki-ma-shta ka*; Mit welchem Flug sind Sie gekommen?)

- ✔ **Kankō desu ka.** (*kan-koh de-su ka*; Ist der Aufenthalt privat?)

- ✔ **Shigoto desu ka.** (*shi-go-to de-su ka*; Ist Ihr Aufenthalt geschäftlich?)

- ✔ **Doko ni tomarimasu ka.** (*do-ko ni to-ma-ri-ma-su ka*; Wo übernachten Sie?)

Kleiner Wortschatz

bin	*bin*	Flug
biza	*bi-za*	Visum
gēto	*geh-to*	Flugsteig, Tor
hikōki	*hi-koh-ki*	Flugzeug
kokusaibin	*ko-ku-sei-bin*	internationaler Flug
kūkō	*kuh-koh*	Flughafen
nyūkoku shinsa	*nyuh-ko-ku shin-sa*	Einreisekontrolle
pasupōto	*pa-su-poh-to*	Pass, Reisepass

Durch den Zoll gehen

Wenn der Flughafenbeamte nichts gegen Ihre Einreise nach Japan einzuwenden hat, gehen Sie weiter zur **tenimotsu hikiwatashijo** (*te-ni-mo-tsu hi-ki-wa-ta-shi-dscho*; Gepäckausgabe), suchen Ihr Gepäck heraus und begeben sich zum **zeikan** (*zeh-kan*; Zoll).

Auf den Internetseiten zu den Einreisebestimmungen finden Sie auch Hinweise zu Umfang und Inhalt zollfreier Waren sowie das Zollformular in englischer Sprache, das Sie spätestens im Flugzeug ausfüllen müssen, selbst wenn Sie nichts zu verzollen haben.

Auch wenn Sie einen noch so vertrauenswürdigen Eindruck machen, der Zollbeamte könnte Sie dennoch ansprechen:

✔ **Shinkoku suru mono wa arimasu ka.** (*shin-ko-ku su-ru mo-no wa a-ri-ma-su ka*; Haben Sie zollpflichtige Waren anzumelden?)

- ✔ **Sūtsukēsu o akete kudasai.** (*suh-tsu-keh-su o a-ke-te ku-da-sei*; Bitte öffnen Sie den Koffer.)

- ✔ **Asoko de zeikin o haratte kudasai.** (*a-so-ko de zeh-kin o ha-rat-te ku-da-sei*; Bitte entrichten Sie die Zollabgaben dort drüben.)

Bevor Sie eine Zahlung vornehmen, sollten Sie verweisen auf:

- ✔ **Minomawari no mono desu.** (*mi-no-ma-wa-ri no mo-no de-su*; Diese Dinge gehören zu meinem persönlichen Bedarf.)

Ein Zögern bei dem ru-Verb **akeru** (*a-ke-ru*; öffnen) könnte einen längeren Aufenthalt beim Zoll nach sich ziehen:

Form	Aussprache
akeru	*a-ke-ru*
akenai	*a-ke-nei*
ake	*a-ke*
akete	*a-ke-te*

In Japan unterwegs: In der Stadt und auf dem Land

Wenn Sie nicht zu Fuß gehen, aber doch ein wenig herumreisen wollen, stehen Ihnen neben den **kōkyō kōtsū kikan** (*koh-kyoh koh-tsuh ki-kan*; öffentlichen Verkehrsmitteln) viele Möglichkeiten zur Verfügung. In Tabelle 9.1 haben Sie die Wahl.

Japanisch	Aussprache	Übersetzung
basu	*ba-su*	Bus
baiku	*bei-ku*	Motorrad, nicht: Fahrrad
chikatetsu	*tchi-ka-te-tsu*	U-Bahn
densha	*den-sha*	Zug
fune	*fu-ne*	Schiff
jitensha	*dschi-ten-sha*	Fahrrad
kuruma	*ku-ru-ma*	Auto, Wagen
rentakā	*ren-ta-kah*	Mietwagen
takushī	*ta-kshih*	Taxi

Tabelle 9.1: Transport- und Verkehrsmittel

Nach dem besten, günstigsten oder schnellsten Verkehrsmittel fragen

Sie erinnern sich bestimmt an Kapitel 6, als Sie auf Ihrer Einkaufstour verschiedene Waren miteinander verglichen und die Fragewörter **dono** (*do-no*) und **dore** (*do-re*) verwendet haben, um sich nach dem **ichiban** (*i-tchi-ban*; Superlativ, wörtlich: Nummer eins) zu erkundigen.

Fragen Sie »Welches + Nomen«, zum Beispiel »Welches Schiff?«, benötigen Sie **dono**, also **dono fune** (*do-no fu-ne*), fragen Sie nur »Welches?«, ist **dore** (*do-re*) Ihr richtiges Fragewort:

✔ **Dono basu ni norimasu ka.** (*do-no ba-su ni no-ri-ma-su ka*; Welchen Bus nehmen Sie?)

✔ **Dore ni norimasu ka.** (*do-re ni no-ri-ma-su ka*; Welchen nehmen Sie?)

- **Dono densha de ikimasu ka.** (*do-no den-sha de i-ki-ma-su ka*; Mit welchem Zug fahren Sie?)
- **Dore de ikimasu ka.** (*do-re de i-ki-ma-su ka*; Mit welchem fahren Sie?)

Und wie gewohnt steht **ichiban** vor dem Adjektiv:

- **Dono basu ga ichiban hayai desu ka.** (*do-no ba-su ga i-tchi-ban ha-yei de-su ka*; Welcher Bus ist am schnellsten?)
- **Dono densha ga ichiban benri desu ka.** (*do-no den-sha ga i-tchi-ban ben-ri de-su ka*; Welcher Zug ist am praktischsten?)
- **Dore ga ichiban yasui desu ka.** (*do-re ga i-tchi-ban ya-sui de-su ka*; Welcher/welche/welches ist am billigsten?)

Und um die Wiederholung komplett zu machen, ergänzen Sie am Anfang des Satzes noch eine Liste von Verkehrsmitteln, die Sie mit der Partikel **to** (*to*) verbinden:

- **Takushī to, densha to, basu to, dore ga ichiban hayai desu ka.** (*ta-kshih to, den-sha to, ba-su to, do-re ga i-tchi-ban ha-yei de-su ka*; Taxi, Zug oder Bus, welches ist am schnellsten?)
- **Hikōki to, kuruma to, densha to, basu to, dore ga ichiban anzen desu ka**. (*hi-koh-ki to, ku-ru-ma to, den-sha to, ba-su to, do-re ga i-tchi-ban an-zen de-su ka*; Flugzeug, Auto, Zug oder Bus, welches ist am sichersten?)

Ganz vollständig ist die Wiederholung allerdings erst, wenn Sie im Zusammenhang mit **dore** auch Ihr Wissen über **dare** (*dare*; wer/welcher, fragt statt **dore** nach Personen), **doko** (*do-ko*; wo/welcher, fragt statt **dore** nach Orten) und **dochira** (*do-tchi-ra*; welches von beiden) aufgefrischt haben.

Den Bus benutzen

Bevor Sie sich auf den Weg zum **basu tāminaru** (*ba-su tah-mi-na-ru*; Busbahnhof) oder einer **basutei** (*ba-su-teh*; Bushaltestelle) machen, schauen Sie sich Ihren Bus für Tokyobeispielsweise auf `www.kotsu.metro.tokyo.jp/eng/services/bus_ride.html` oder für Kyotoauf `www.city.kyoto.jp/koho/eng/access/transport.html` ruhig einmal genauer an, damit Sie wissen, was denn die einzelnen im Bus angebrachten Apparaturen zu bedeuten haben und wie Sie den **unchin** (*un-tchin*; Fahrpreis) entrichten können.

Für alle 23 Stadtbezirke von Tokyogiltbeispielsweise ein **kinitsu unchin** (*kin-i-tsu un-tchin*; Einheitsfahrpreis), bei den Bussen in Kyoto ist der Eingang hinten, wobei Sie nicht vergessen dürfen, eine **seiriken** (*seh-ri-ken*; Nummernkarte) für die Ermittlung des korrekten Fahrpreises zu ziehen. Und die japanisch beschriftete Fahrgeldbox, in die Sie beim Ausstieg das Fahrgeld **ireru** (*i-re-ru*; einwerfen) müssen, sieht auf den ersten Blick äußerst kompliziert aus – aber Sie haben sie jetzt ja schon im Internet gesehen.

Natürlich gibt es auch verschiedene Angebote von **ichinichi jōshaken** (*i-tchi-ni-tchi dschoh-sha-ken*; Tageskarten), bei alldem sollten Sie aber die Formen des ru-Verbs **ireru** (*i-re-ru*; einwerfen, einführen) nicht aus dem Gedächtnis verlieren:

Form	Aussprache
ireru	*i-re-ru*
irenai	*i-re-nei*
ire	*i-re*
irete	*i-re-te*

Kleiner Wortschatz

basutei	*ba-su-teh*	Bushaltestelle
ireru (ru-Verb)	*i-re-ru*	einwerfen, einführen, hineintun
kinitsu unchin	*kin-i-tsu un-tchin*	Einheitsfahrpreis
norikaeru (ru-Verb)	*no-ri-kae-ru*	umsteigen
seiriken	*seh-ri-ken*	Nummernkarte
unchin	*un-tchin*	Fahrgeld

Mit dem Zug fahren

Einfach in einen **densha** (*den-sha*; Zug) **noru** (*no-ru*; einsteigen), aus dem Fenster schauen und die **keshiki** (*ke-shi-ki*; Landschaft) an sich vorüberziehen lassen, immer wieder an einem anderen **eki** (*e-ki*; Bahnhof) halten – eine Bahnfahrt kann ein faszinierendes Erlebnis werden, vorausgesetzt, die Züge sind nicht überfüllt, die **eakon** (*ea-kon*; Klimaanlage) funktioniert, **chikoku** (*tchi-ko-ku*; Verspätungen) haben Seltenheitswert und man ist sich außerdem sicher, im richtigen Zug Platz genommen zu haben, zum Beispiel in einem

- ✔ **kudari densha** (*ku-da-ri den-sha*; wörtlich: hinunter gehenden Zug, das heißt: aus der Hauptstadt [hinunter] in die Provinzen gehenden Zug)
- ✔ **nobori densha** (*no-bo-ri den-sha*; wörtlich: hinauf gehenden Zug, das heißt: aus den Provinzen [hinauf] in die Hauptstadt gehenden Zug)
- ✔ **Ōsaka yuki** (*oh-sa-ka yu-ki*; Zug nach Osaka)
- ✔ **Tōkyō hatsu Nagoya yuki** (*toh-kyoh ha-tsu na-go-ya yu-ki*; Zug von Tokyo nach Nagoya)

Nehmen Sie einen Zug aus der oberen Gruppe, wenn Sie weit reisen, aber nicht zu viel Zeit in der Bahn verbringen wollen; sind Sie gerne länger unterwegs, reichen auch die anderen:

- ✔ **Shinkansen** (*shin-kan-sen*; Shinkansen, japanischer Hochgeschwindigkeitszug)
- ✔ **Tokkyū** (*tok-kyuh*; InterCity)
- ✔ **Kaisoku** (*kei-so-ku*; Interregio-Express)
- ✔ **Kyūkō** (*kyuh-koh*; Regional-Express)
- ✔ **Futsū** (*fu-tsuh*; Regionalbahn)

Und einige Museumsbahnen, mit denen Sie im **kisha** (*ki-sha*; Dampfzug) reisen können, gibt es natürlich auch – doch auch bei solch gemütlich-spannenden Fahrten sollten Sie weder das ru-Verb **deru** (*de-ru*; abfahren) noch das u-Verb **tsuku** (*tsu-ku*; ankommen) aus dem Sinn verlieren:

Form	Aussprache
deru	*de-ru*
denai	*de-nei*
de	*de*
dete	*de-te*

Form	Aussprache
tsuku	*tsu-ku*
tsukanai	*tsu-ka-nei*
tsuki	*tsu-ki*
tsuite	*tsui-te*

Falls Sie einmal auf dem **hōmu** (*hoh-mu*; Bahnsteig) auf Ihren Zug warten müssen, wie wäre es mit ein paar zusätzlichen Vokabeln rund um die Bahn:

Kleiner Wortschatz

chaku	tcha-ku	Ankunft in
densha	den-sha	Zug, Bahn (elektrisch); S-Bahn
hatsu	ha-tsu	Abfahrt aus
jikokuhyō	dschi-ko-ku-hyoh	Fahrplan
katamichi	ka-ta-mi-tchi	Hinfahrt
kippu	kip-pu	Ticket, Karte
ōfuku	oh-fu-ku	Hin- und Rückfahrt

Hatsu (*ha-tsu*; Abfahrt) und **chaku** (*tcha-ku*; Ankunft) sind Kurzformen der Verben **hassha suru** (*hash-sha su-ru*; abfahren) und **tōchaku suru** (*toh-tcha-ku su-ru*; ankommen) und stehen nach den angegebenen Zeiten:

- ✔ **16-ji 15-fun hatsu** (*dschuh-ro-ku-dschi dschuh-go-fun ha-tsu*; Abfahrt 16:15 Uhr)
- ✔ **20-ji 57-fun chaku** (*ni-dschuh-dschi go-dschuh-na-na-fun tcha-ku*; Ankunft 20:57 Uhr)
- ✔ **7-ji 5-fun Tōkyō hatsu 10-ji 7-fun Ōsaka chaku** (*shi-tchi-dschi go-fun toh-kyoh ha-tsu dschuh-dschi na-na-fun oh-sa-ka tcha-ku*; Abfahrt Tokyo 7:05 Uhr, Ankunft Osaka 10:07 Uhr)

Wie Sie es gewohnt sind, unterteilen sich auch in Japan die **unchin** (*un-tchin*; Fahrpreise) in einen Tarif für **otona** (*o-to-na*; Erwachsene) und **kodomo** (*ko-do-mo*; Kinder), ebenso wie in besondere **kippu** (*kip-pu*; Karten) mit einer **waribiki** (*wa-ri-bi-ki*; Ermäßigung) für **gakusei** (*ga-ku-seh*; Schüler und Studenten), **o-toshiyori** (*o-to-shi-yo-ri*; Senioren) oder **shintai shōgaisha** (*shin-tei-shoh-gei-sha*; Körperbehinderte).

Würden Sie übrigens Fahrkarten als flache Gegenstände bezeichnen? Ja? Dann wissen Sie: Welches Ticket Sie auch immer kaufen, das Zählwort bleibt stets dasselbe: **-mai** (*mei*).

Für den **Shinkansen** oder einen **Tokkyū** benötigen Sie **nimai** (*ni-mei*; zwei Karten): neben der eigentlichen **jōshaken** (*dschoh-sha-ken*; Fahrkarte) noch einen **tokkyūken** (*tok-kyuh-ken*; Expresszuschlag).

Nun sind Sie gut gerüstet, wenn Sie an den Schalter treten:

✔ **Nagoya made otona sammai ōfuku o-negai-shimasu.** (*na-go-ya ma-de o-to-na sam-mei oh-fu-ku o-ne-gei-shi-ma-su*; Nach Nagoya für drei Erwachsene, Hin- und Rückfahrt bitte.)

✔ **Ōsaka made otona ichimai to kodomo nimai o-negai-shimasu.** (*oh-sa-ka ma-de o-to-na i-tchi-mei to ko-do-mo ni-mei o-ne-gei-shi-ma-su*; Nach Osaka, ein Erwachsener und zwei Kinder, bitte.)

✔ **Tōkyō made katamichi ichimai.** (*toh-kyoh ma-de ka-ta-mi-tchi i-tchi-mei*; Nach Tokyo, für eine Person einfach.)

✔ **Tōkyō made no jōshaken to tokkyūken o kudasai.** (*toh-kyoh ma-de no dschoh-sha-ken to tok-kyuh-ken o ku-da-sei*; Geben Sie mir bitte Fahrkarte und Expresszuschlag nach Tokyo.)

Und wenn Sie jetzt noch das Zählwort **-bansen** (*ban-sen*) für Gleise kennen, steht Ihrer Zugfahrt nichts mehr im Wege: **1-bansen** (*i-tchi-ban-sen*; Gleis 1), **2-bansen** (*ni-ban-sen*; Gleis 2) und **3-bansen** (*sam-ban-sen*; Gleis 3).

Ein Taxi heranwinken

Auch wenn Sie lieber Bus und Bahn fahren, manchmal bieten **takushī** (*ta-kshih*; Taxis) eine sehr willkommene Alternative, nicht nur, wenn Sie am Straßenrand gerade mal eines heranwinken, sondern auch, wenn spät abends der **shūdensha** (*shuh-den-sha*; letzte Zug) abgefahren ist oder der Bus am **kyūjitsu** (*kyuh-dschi-tsu*; Feiertag) nur zweimal kommt. Und sollten Sie zu dritt oder zu viert sein, könnte sogar der Fahrpreis konkurrenzlos günstig sein.

Bei japanischen Taxis öffnet sich die für den Fahrgast vorgesehene Tür automatisch. Einmal Platz genommen, könnten Sie Sätze wie diese gebrauchen:

✔ **Kūkō made ikura gurai kakarimasu ka.** (*kuh-koh ma-de i-ku-ra gu-rei ka-ka-ri-ma-su ka*; Wie viel kostet es bis zum Flughafen?)

✔ **Bijutsukan made o-negai-shimasu.** (*bi-dschu-tsu-kan ma-de o-ne-gei-shi-ma-su*; Zum Kunstmuseum bitte.)

✔ **O-tsuri wa kekkō desu.** (*o-tsu-ri wa kek-koh de-su*; Das Wechselgeld ist für Sie.)

Sie sollten allerdings auch verstehen, was der Fahrer sagt:

✔ **Dochira made.** (*do-tchi-ra ma-de*; Wohin?)

✔ **Tsukimashita yo.** (*tsu-ki-ma-shta yo*; Wir sind da!)

Ein Auto mieten

Die Frage, ob man in Japan ein Auto mieten sollte oder nicht, stellt sich im Grunde erst, wenn die Reise in ganz entlegene Gegenden geht. Sie müssten sich dann auf den **sasoku tsūkō** (*sa-so-ku tsuh-koh*; Linksverkehr) einstellen, das **handoru** (*han-do-ru*; Lenkrad) befindet sich nicht auf der **hidarigawa** (*hi-da-ri-ga-wa*; linken Seite), sondern auf der **migigawa** (*mi-gi-ga-wa*; rechten Seite), die Nebenstraßen, auf denen **jitensha** (*dschi-ten-sha*; Fahrräder) und **hokōsha** (*ho-koh-sha*; Fußgänger) Vorrang haben, sind ziemlich **semai** (*se-mei*; eng) und die **kōsoku dōro** (*koh-so-ku doh-ro*; Autobahnen) zwar schön ausgebaut, aber gebührenpflichtig.

Haben Sie dann alle bürokratischen Hürden mit der Umschreibung Ihres deutschen **unten menkyoshō** (*un-ten men-*

kyo-shoh; Führerscheins) überwunden, legen Sie den Eignungstest mit dem unregelmäßigen Verb **unten suru** (*un-ten su-ru*; fahren, lenken, steuern) ab:

Form	Aussprache
unten suru	*un-ten su-ru*
unten shinai	*un-ten shi-nei*
unten shi	*un-ten shi*
unten shite	*un-ten shte*

Ein Verb **oben suru** gibt es übrigens nicht, und **unten** hat auch nichts mit dem deutschen »unten« zu tun, sondern besteht aus den beiden **kanji** (*kan-dschi*; sino-japanischen Schriftzeichen) **un** und **ten**, die zusammen die Bedeutung »ein Fahrzeug fahren, lenken, steuern« ergeben.

Möchten Sie nach alldem tatsächlich ein Auto **kariru** (*ka-ri-ru*; mieten), gehen Sie noch einmal das entsprechende ru-Verb durch:

Form	Aussprache
kariru	*ka-ri-ru*
karinai	*ka-ri-nei*
kari	*ka-ri*
karite	*ka-ri-te*

Anschließend suchen Sie eine der **rentakā gaisha** (*ren-ta-kah gei-sha*; Mietwagenfirmen) auf und klären bei Vertragsabschluss unter anderem auch diese Dinge:

✔ **Hoken o kakemasu.** (*ho-ken o ka-ke-ma-su*; Ich nehme die Versicherung.)

- ✔ **Kogata no kuruma o karitai-n-desu ga.** (*ko-ga-ta no ku-ru-ma o ka-ri-tei-n-de-su ga*; Ich möchte gern einen Kleinwagen mieten.)

- ✔ **Kyō kara kinyōbi made tsukaitai-n-desu.** (*kyoh ka-ra kin-yoh-bi ma-de tsu-kei-tei-n-de-su*; Ich möchte den Wagen ab heute bis Freitag benutzen.)

- ✔ **Mokuyōbi ni kaeshimasu.** (*mo-ku-yoh-bi ni kae-shi-ma-su*; Ich gebe ihn am Donnerstag zurück.)

Ebenso spielt die Ausstattung eine wichtige Rolle wie beispielsweise:

- ✔ **eakon** (*ea-kon*; Klimaanlage)

- ✔ **manyuaru** (*ma-nyu-a-ru*; Handschaltgetriebe)

- ✔ **ōtomachikku** (*oh-to-ma-tchik-ku*; Automatik)

- ✔ **sutereo** (*su-te-re-o*; Stereoanlage)

Nicht nur, wenn Sie dann mit einem **supōtsu yūtiriti bīkuru** (*spoh-tsu yuh-ti-ri-ti bih-ku-ru*; Geländewagen, SUV) unterwegs sein sollten, schauen Sie gelegentlich bei einer **gasorin sutando** (*ga-so-rin su-tan-do*; Tankstelle) vorbei, denn selbst japanischer Kraftstoff hält nicht ewig.

Wie viel Spaß es auch immer gemacht hat, in Japan am Steuer zu sitzen, irgendwann ist der Zeitpunkt gekommen, den gemieteten Wagen wieder zurückzugeben, nicht ohne sich vorher jedoch ausführlich mit dem entsprechenden u-Verb **kaesu** beschäftigt zu haben:

Form	Aussprache
kaesu	*kae-su*
kaesanai	*kae-sa-nei*
kaeshi	*kae-shi*
kaeshite	*kae-shte*

Kleiner Wortschatz

gasorin sutando	*ga-so-rin su-tan-do*	Tankstelle
hoken	*ho-ken*	Versicherung
kaesu (u-Verb)	*kae-su*	zurückgeben
kōsoku dōro	*koh-so-ku doh-ro*	Autobahn
kuruma	*ku-ru-ma*	Wagen
rentakā	*ren-ta-kah*	Mietwagen
unten menkyoshō	*un-ten men-kyo-shoh*	Führerschein

Nach dem Weg fragen

Nur Schilder mit japanischer Schrift, der Stadtplan ausgerechnet an dieser Stelle etwas ungenau – manchmal kommt man einfach nicht umhin, nach dem Weg zu fragen.

Ob etwas **chikai** (*tchi-kei*; nah) oder **tōi** (*toh-i*; weit) ist, ob Sie **arukeru** (*a-ru-ke-ru*; zu Fuß gehen können) oder mit der **chikatetsu** (*chi-ka-te-tsu*; U-Bahn) fahren müssen – in diesem Kapitel finden Sie die Wörter und Sätze, die Sie an Ihr Ziel bringen werden.

Die »Wo«-Fragen

Sie müssen zum **shiyakusho** (*shi-ya-ku-sho*; Rathaus). Sie wissen, es befindet sich in der Nähe der **chikatetsu no eki** (*tchi-ka-te-tsu no eki*; U-Bahn-Station), aber Sie können es noch nicht sehen. Was tun? Die **jūsho** (*dschuh-sho*; Adresse) überprüfen? Den **chizu** (*tchi-zu*; Stadtplan) noch ein paar Mal drehen? Auf gut Glück die breite Straße hinunterlaufen? Vielleicht doch lieber jemanden fragen. Bevor Sie sich jetzt mit **sumimasen** (*su-mi-ma-sen*; Entschuldigung.) an einen Passanten wenden, denken Sie kurz über die Grammatik nach.

Sie thematisieren zunächst Ihren Zielort mit der Partikel **wa** (*wa*), und das Fragewort, mit dem Sie weiterkommen, heißt **doko** (*do-ko*; Wo?). An **doko** fügen Sie dann entweder **desu ka** (*de-su ka*) oder **ni arimasu ka** (*ni a-ri-ma-su ka*) an:

✔ **Shiyakusho wa doko desu ka.** (*shi-ya-ku-sho wa do-ko de-su ka*; Wo ist das Rathaus?)

✔ **Shiyakusho wa doko ni arimasu ka.** (*shi-ya-ku-sho wa do-ko ni a-ri-ma-su ka*; Wo befindet sich das Rathaus?)

Vielleicht haben Sie es sich inzwischen aber anders überlegt und wollen doch lieber Richtung

✔ **gakkō** (*gak-koh*; Schule)

✔ **ginkō** (*gin-koh*; Bank)

✔ **hakubutsukan** (*ha-ku-bu-tsu-kan*; Museum)

✔ **kusuriya** (*ku-su-ri-ya*; Apotheke)

✔ **shoppingu sentā** (*shop-pin-gu sen-tah*; Einkaufszentrum)

- **toshokan** (*to-sho-kan*; Bibliothek)
- **yūbinkyoku** (*yuh-bin-kyo-ku*; Post)

Kleiner Wortschatz

chikai	*tchi-kei*	nah
chizu	*tchi-zu*	Stadtplan
doko	*do-ko*	wo
jūsho	*dschuh-sho*	Adresse
tōi	*toh-i*	weit

Und die Antworten darauf

Wenn Sie Glück haben, kann Ihre Frage mit einem Fingerzeig und einem kurzen **asoko desu** (*a-so-ko de-su*; da drüben) beantwortet werden. Entsprechend zu **kore/kono** und **sore/sono** (vergleiche Kapitel 6) gibt es **koko** (*ko-ko*; hier) und **soko** (*so-ko*; da, dort), sollte sich der bezeichnete Ort in der Nähe des Sprechers beziehungsweise in der Nähe des Hörers befinden.

Muss auf präzisere Ortsbestimmungen zurückgegriffen werden, hilft Tabelle 9.2 weiter.

Um diese Wörter anwenden zu können, müssen Sie ein Bezugsobjekt nach dem Schema **A no hidari** »links von A« hinzufügen, das heißt, die Reihenfolge im Satz lautet Bezugsobjekt, Partikel **no** (*no*) und Ortsbestimmung:

- **toshokan no mae** (*to-sho-kan no mae*; vor der Bibliothek)

Ortsbestimmung	Aussprache	Übersetzung
hantai (gawa)	*han-tei (-ga-wa)*	entgegengesetzt (-liegende Seite)
hidari (gawa)	*hi-da-ri (-ga-wa)*	links (linke Seite)
mae	*mae*	vor
migi (gawa)	*mi-gi (-ga-wa)*	rechts (rechte Seite)
mukai (gawa)	*mu-kei (-ga-wa)*	gegenüber (-liegende Straßenseite)
soba	*so-ba*	angrenzend, seitlich, benachbart
ushiro	*u-shi-ro*	hinter
aida	*ei-da*	zwischen

Tabelle 9.2: Japanische Ortsbestimmungen

✔ **kusuriya no ushiro** (*ku-su-ri-ya no u-shi-ro*; hinter der Apotheke)

Bei **aida** (*ei-da*; zwischen) benötigen Sie zwei Bezugsobjekte, die Sie mit der Partikel **to** (*to*; und) miteinander verbinden:

✔ **ginkō to yūbinkyoku no aida** (*gin-koh to yuh-bin-kyo-ku no ei-da*; zwischen Bank und Post)

Tonari (*to-na-ri*; neben) und **yoko** (*yo-ko*; neben) unterscheiden sich dadurch, dass die Anwendung von **tonari** auf das Nebeneinander von gleichen Kategorien wie Gebäuden, Gegenständen oder Personen beschränkt ist:

✔ **Yūbinkyoku wa toshokan no tonari desu.** (*yuh-bin-kyo-ku wa to-sho-kan no to-na-ri de-su*; Die Post ist neben der Bibliothek.) Gleiche Kategorien: Gebäude.

- ✔ **Sensei wa toshokon no yoko desu.** (*sen-seh wa to-sho-kan no yo-ko de-su*; Der Lehrer ist neben der Bibliothek.) Ungleiche Kategorien: Person und Gebäude.

Jetzt wissen Sie zwar, wo sich dies oder jenes befindet, aber eigentlich noch nicht, welche Entfernungen Sie zurücklegen müssen. Die beiden i-Adjektive **chikai** (*tchi-kei*; nah) und **tōi** (*toh-i*; weit) könnten sich als hilfreich erweisen:

- ✔ **Chotto tōi desu yo.** (*tchot-to toh-i desu yo*; Das ist schon ziemlich weit.)
- ✔ **Sugu soko desu.** (*su-gu so-ko de-su*; Das ist gleich dort.)
- ✔ **Totemo chikai desu.** (*to-te-mo tchi-kei de-su*; Das ist ganz nah.)

Den Weg weisen mit Himmelsrichtungen

Zugegeben, »da drüben« reicht in den meisten Fällen aus, um jemanden zumindest in die richtige Richtung zu schicken. Manchmal kann es aber notwendig sein, eine etwas genauere Angabe zu machen, vor allem wenn man beschreiben soll, in welchem Teil Deutschlands denn die eigene Heimatstadt liegt. Schaden wird es jedenfalls nicht, die Himmelsrichtungen zu kennen, kommt »Osten« in der sino-japanischen Lesung **tō** (*toh*) doch im Namen der japanischen Hauptstadt vor:

- ✔ **higashi** (*hi-ga-shi*; Osten)
- ✔ **kita** (*ki-ta*; Norden)
- ✔ **minami** (*mi-na-mi*; Süden)
- ✔ **nishi** (*ni-shi*; Westen)

- ✔ **hokusei** (*ho-ku-seh*; Nordwest)
- ✔ **hokutō** (*ho-ku-toh*; Nordost)
- ✔ **nansei** (*nan-seh*; Südwest)
- ✔ **nantō** (*nan-toh*; Südost)

Die Ordinalzahlen

Zur Kennzeichnung der Stelle in einer Reihenfolge brauchen Sie die Ordinalzahlen wie »erste«, »zweite« und »dritte«, die Sie im Japanischen durch das Suffix **-me** (*me*) erhalten.

Gleichzeitig bleiben die Zählwörter bei Mengenangaben bestehen: Sie erinnern sich an das Zählwort für zylinderförmige Gegenstände **-hon** (*hon*), das für Stifte, Bananen, Flaschen oder Regenschirme gilt – wenn nicht, schlagen Sie noch einmal in Kapitel 2 nach. Mit **-hon** werden indes auch Straßen gezählt, sodass **gohon** (*go-hon*) je nach Zusammenhang entweder fünf Stifte, fünf Bananen, fünf Flaschen, fünf Regenschirme oder fünf Straßen bedeutet. Um daraus nun den fünften Stift, die fünfte Banane, die fünfte Flasche, den fünften Regenschirm oder die fünfte Straße zu machen, fügen Sie an **gohon** einfach das Suffix **-me** an: **gohom-me** (*go-hom-me,* Aussprache: *n + m* wird zu *m-m*).

Im Gegensatz zu Straßen haben Straßenkreuzungen kein besonderes Zählwort, sondern begnügen sich mit dem allgemeinen Suffix **-tsu** (*tsu*), das jedoch die rein japanischen Zahlen verlangt. Demnach sind fünf Straßenkreuzungen **itsutsu** (*i-tsu-tsu*) und die fünfte Straßenkreuzung **itsutsu-me** (*i-tsu-tsu-me*).

Auf Ordinalzahlen sollten Sie gefasst sein, wenn Sie nach dem Weg fragen:

- ✔ **futatsume no kōsaten** (*fu-ta-tsu-me no koh-sa-ten*; die zweite Kreuzung)
- ✔ **hitotsume no tatemono** (*hi-to-tsu-me no ta-te-mo-no*; das erste Gebäude)
- ✔ **migi-gawa no mittsume no ie** (*mi-gi-ga-wa no mit-tsu-me no i-e*; das dritte Haus auf der rechten Seite)
- ✔ **yonhomme no michi** (*yon-hom-me no mi-tchi*; die vierte Straße)

In Tabelle 9.3 finden Sie die Ordinalzahlen von eins bis neun für die Zählwörter **-tsu**, **-hon** und **-mai**.

Nach der Dauer fragen: Wie weit ist es?

Wenn Sie zu Fuß unterwegs sind, sollten Sie eigentlich davon ausgehen können, dass es sich nur um Minuten handelt, bis Sie in der Stadt Ihr Ziel erreicht haben. Die Minutenangaben erhalten das Suffix **-fun** (*fun*), was sich je nach Zahl allerdings zu **-pun** (*pun*) verändert. Schlagen Sie hierzu in Kapitel 3 nach.

- ✔ **Ima gozen 10-ji 15-fun desu.** (*i-ma go-zen dschuh-dschi dschuh-go-fun de-su*; Es ist jetzt 10:15 Uhr vormittags.)
- ✔ **Uchi kara gakkō made 10-pun desu.** (*u-tchi ka-ra gak-koh ma-de dschup-pun de-su*; Von zu Hause bis zur Schule sind es zehn Minuten.)
- ✔ **Aruite 30-pun gurai desu.** (*a-rui-te san-dschup-pun gu-rei de-su*; Zu Fuß dauert es ungefähr 30 Minuten.)

Zahl	Zählwort (allgemein)	Zählwort-hon (zylinderförmig)	Zählwort -mai (flach)
1.	hitotsume (*hi-to-tsu-me*)	ippomme (*ip-pom-me*)	ichimaime (*i-tchi-mei-me*)
2.	futatsume (*fu-ta-tsu-me*)	nihomme (*ni-hom-me*)	nimaime (*ni-mei-me*)
3.	mittsume (*mit-tsu-me*)	sambomme (*sam-bom-me*)	sammaime (*sam-mei-me*)
4.	yottsume (*yot-tsu-me*)	yonhomme (*yon-hom-me*)	yommaime (*yom-mei-me*)
5.	itsutsume (*i-tsu-tsu-me*)	gohomme (*go-hom-me*)	gomaime (*go-mei-me*)
6.	muttsume (*mut-tsu-me*)	roppomme (*rop-pom-me*)	rokumaime (*ro-ku-mei-me*)
7.	nanatsume (*na-na-tsu-me*)	nanahomme (*na-na-hom-me*)	nanamaime (*na-na-mei-me*)
8.	yattsume (*yat-tsu-me*)	happomme (*hap-pom-me*)	hachimaime (*ha-tchi-mei-me*)
9.	kokonotsume (*ko-ko-no-tsu-me*)	ky homme (*kyuh-hom-me*)	ky maime (*kyuh-mei-me*)

Tabelle 9.3: Japanische Ordinalzahlen mit dem Suffix »-me«

Ist der Ort weiter entfernt, kann es sich auch um Stunden handeln. Dafür brauchen Sie das Suffix **-ji** (*dschi*), das Sie ebenfalls aus Kapitel 3 kennen – **1-ji** (*i-tchi-dschi*; 1 Uhr), **2-ji** (*ni-dschi*; 2 Uhr), **3-ji** (*san-dschi*; 3 Uhr) –, nur mit **-kan** (*kan*) zu **-jikan** (*dschi-kan*) zu ergänzen und erhalten so **1-jikan** (*i-tchi-dschi-kan*; eine Stunde), **2-jikan** (*ni-dschi-kan*; zwei Stunden), **3-jikan** (*san-dschi-kan*; drei Stunden).

✔ **Kūkō made basu de 2-jikan desu.** (*kuh-koh ma-de ba-su de ni-dschi-kan de-su*; Bis zum Flughafen sind es mit dem Bus zwei Stunden.)

✔ **Koko kara kuruma de 3-jikan gurai desu.** (*ko-ko ka-ra ku-ru-ma de san-dschi-kan gu-rei de-su*; Von hier aus sind es mit dem Wagen ungefähr drei Stunden.)

 Wollen Sie sich nicht festlegen, wie lange Ihr Gesprächspartner vielleicht brauchen könnte, um eine Strecke zurückzulegen, geben Sie die Entfernung lieber in **mētoru** (*meh-to-ru*; Metern) oder **kiro [mētoru]** (*ki-ro [meh-to-ru]*; Kilometern) an:

✔ **Eki made 2 kiro desu.** (*e-ki ma-de ni-ki-ro de-su*; Bis zum Bahnhof sind es zwei Kilometer.)

✔ **Koko kara 500 mētoru desu.** (*ko-ko ka-ra go-hya-ku meh-to-ru de-su*; Von hier aus sind es 500 Meter.)

»Wie komme/gehe ich am besten nach ...?«

Sollte im **ryokō gaido [bukku]** (*ryo-koh gei-do [buk-ku]*; Reiseführer) nichts Brauchbares stehen, erhalten Sie in der **ryokō annaijo** (*ryo-koh an-nei-dscho*; Tourist-Information), im **eki no kippu uriba** (*e-ki no kip-pu u-ri-ba*; Bahnhof-Reisezentrum) oder an der **hoteru no furonto** (*ho-te-ru no fu-ron-to*; Hotelrezeption) in der Regel eine Auskunft. Natürlich können Sie sich auch an Passanten wenden, die es nicht eilig haben – Ihre Frage aber wird immer die gleiche Struktur aufweisen: Thematisieren Sie den Zielort mit der Partikel **wa** (*wa*), benutzen Sie dann das Fragewort **dōyatte** (*doh-yat-te*; wie, auf welche Weise) und setzen Sie das Verb, zum Beispiel **iku** (*i-ku*; gehen), zusammen mit **-n-desu ka** (*n-de-su ka*) an den Schluss:

✔ **Doitsu taishikan wa dōyatte iku-n-desu ka.** (*deu-tsu tei-shi-kan wa doh-yat-te i-ku-n-de-su ka*; Wie komme ich zur Deutschen Botschaft?)

✔ **Shiyakusho wa dōyatte iku-n-desu ka.** (*shi-ya-ku-sho wa doh-yat-te i-ku-n-de-su ka*; Wie komme ich zum Rathaus?)

Wenn Sie gerne zu Fuß unterwegs sind, bietet sich eine Frage an, bei der Sie die »etwas tun können«-Form benutzen, die Sie aus Kapitel 7 kennen:

✔ **Koko kara Akihabara made arukemasu ka.** (*ko-ko ka-ra a-ki-ha-ba-ra ma-de a-ru-ke-ma-su ka*; Kann man von hier zu Fuß nach Akihabara gehen?)

Arukeru leitet sich aus dem u-Verb **aruku** ab:

Form	Aussprache
aruku	*a-ru-ku*
arukanai	*a-ru-ka-nei*
aruki	*a-ru-ki*
aruite	*a-rui-te*

Den Weg mit Orientierungspunkten beschreiben

Dank der in Tabelle 9.4 genannten Orientierungspunkte wird es Ihnen leichter fallen, auf dem richtigen Weg zu bleiben.

Orientierungspunkt	Aussprache	Übersetzung
fukurokōji/ikidomari	*fu-ku-ro-koh-dschi/ i-ki-do-ma-ri*	Sackgasse
fumikiri	*fu-mi-ki-ri*	Bahnübergang
hashi	*ha-shi*	Brücke
ichiji teishi no hyōshiki	*i-tchi-dschi teh-shi no hyoh-shi-ki*	Stoppschild
kado	*ka-do*	Ecke
kōsaten	*koh-sa-ten*	Straßenkreuzung
michi	*mi-tchi*	Weg, Straße, Landstraße
shingō	*shin-goh*	Ampel
tōri	*toh-ri*	Straße (innerorts)
tsukiatari	*tsu-ki-a-ta-ri*	Ende eines Wegs, einer Straße oder eines Gangs

Tabelle 9.4: Orientierungspunkte im Japanischen

Wenn es mehrere Ecken oder Ampeln gibt, lassen sich natürlich auch die Ordinalzahlen einsetzen:

✔ **itsutsume no kado** (*i-tsu-tsu-me no ka-do*; die fünfte Ecke)

✔ **mittsume no shingō** (*mit-tsu-me no shin-goh*; die dritte Ampel)

Sich auf den Weg machen

Bei einer Wegbeschreibung werden Sie nicht immer nur **iku** (*i-ku*; gehen) hören, sondern beispielsweise auch **kado o magaru** (*ka-do o ma-ga-ru*; um die Ecke biegen). In Tabelle 9.5 finden Sie entsprechende Verben.

Verb (Wörterbuch-, Verneinungs-, Stamm- und te-Form)	Aussprache	Übersetzung
aruku (u-Verb)	*a-ru-ku*	zu Fuß gehen
arukanai	*a-ru-ka-nei*	
aruki	*a-ru-ki*	
aruite	*a-rui-te*	
kudaru (u-Verb)	*ku-da-ru*	hinuntergehen
kudaranai	*ku-da-ra-nei*	
kudari	*ku-da-ri*	
kudatte	*ku-dat-te*	
magaru (u-Verb)	*ma-ga-ru*	abbiegen
magaranai	*ma-ga-ra-nei*	
magari	*ma-ga-ri*	
magatte	*ma-gat-te*	
noboru (u-Verb)	*no-bo-ru*	hinaufgehen
noboranai	*no-bo-ra-nei*	
nobori	*no-bo-ri*	
nobotte	*no-bot-te*	
sugiru (ru-Verb)	*su-gi-ru*	vorbeigehen, passieren
suginai	*su-gi-nei*	
sugi	*su-gi*	
sugite	*su-gi-te*	
wataru (u-Verb)	*wa-ta-ru*	überqueren
wataranai	*wa-ta-ra-nei*	
watari	*wa-ta-ri*	
watatte	*wa-tat-te*	

Tabelle 9.5: Japanische Verben der Bewegung

Um anzuzeigen, an welchem Orientierungspunkt eine solche Fortbewegung stattfindet, benötigen Sie für diese Art Verben die Partikel **o**:

✔ **kōsaten o magaru** (*koh-sa-ten o ma-ga-ru*; an der Kreuzung abbiegen)

- **hashi o wataru** (*ha-shi o wa-ta-ru*; eine Brücke überqueren)
- **kono michi o aruku** (*ko-no mi-tchi o a-ru-ku*; diesen Weg zu Fuß entlanggehen)

Wird jedoch eine Richtung angezeigt im Sinne von »nach links«, »nach Osten«, erhält die Richtungsangabe die Partikel **ni:**

- **migi ni magaru** (*mi-gi ni ma-ga-ru*; nach rechts abbiegen)
- **higashi ni iku** (*hi-ga-shi ni i-ku*; nach Osten gehen)

Jetzt ist es an der Zeit, die vielen kleinen Einzelschritte zusammenzufügen, damit Sie sich mit klaren Orts- und Zeitangaben auf den Weg machen können:

- **samban-dōri o minami ni iku** (*sam-ban-doh-ri o mi-na-mi ni i-ku*; die dritte Straße nach Süden gehen)
- **gofun gurai aruku** (*go-fun gu-rei a-ru-ku*; ungefähr fünf Minuten zu Fuß gehen)
- **futatsume no kado o migi ni magaru** (*fu-ta-tsu-me no ka-do o mi-gi ni ma-ga-ru*; an der zweiten Ecke nach rechts abbiegen)
- **ginkō o sugiru** (*gin-koh o su-gi-ru*; an der Bank vorbeigehen)
- **kaidan o noboru** (*kei-dan o no-bo-ru*; die Treppe hinaufgehen)
- **kono michi o massugu iku** (*ko-no mi-tchi o mas-su-gu i-ku*; diesen Weg geradeaus gehen)
- **kōsaten o hidari ni magaru** (*koh-sa-ten o hi-da-ri ni ma-ga-ru*; an der Kreuzung nach links abbiegen)

Im Hotel übernachten 10

> *In diesem Kapitel*
> ✔ Eine Unterkunft finden
> ✔ Ein Zimmer reservieren
> ✔ Im Hotel ankommen
> ✔ Die Rechnung bezahlen

Wählen Sie das passende **hoteru** (*ho-te-ru*; Hotel) und machen Sie sich keine Sorgen, wenn Sie zur **furonto** (*fu-ron-to*; Rezeption) gehen, denn am Ende dieses Kapitels wissen Sie, wie Sie Ihr Zimmer buchen und sich beim Ein- und Auschecken ohne Probleme auf Japanisch verständigen können.

Die richtige Unterkunft finden

Es ist eine Frage der Urlaubsplanung, welche **shukuhaku shisetsu** (*shu-ku-ha-ku shi-se-tsu*; Unterkunft) Sie während einer Japanreise in Betracht ziehen. Ein einfaches **bijinesu hoteru** (*bi-dschi-ne-su ho-te-ru*; Businesshotel) oder ein luxuriöseres der großen **hoteru chēn** (*ho-te-ru tchehn*; Hotelketten), überhaupt ein **hoteru** (*ho-te-ru*; Hotel im westlichen Stil) oder lieber ein **ryokan** (*ryo-kan*; traditionelles japanisches Hotel), für Wagemutige gar ein **kapuseru hoteru** (*ka-pu-se-ru ho-te-ru*; einfachstes Hotel mit Schlafkojen, Kapselhotel) oder eine **shukubō** (*shu-ku-boh*; Tempelübernachtung), vielleicht sind Sie aber auch ein Fan von **yūsu hosuteru** (*yuh-su ho-su-te-ru*; Jugendherbergen)?

In einem **hoteru** (*ho-te-ru*; Hotel westlichen Stils) treffen Sie zumeist auch auf englisch sprechendes Personal, das

chōshoku (*tchoh-sho-ku*; Frühstück) bietet die gewohnte Auswahl und die Zimmer sind mit einem **beddo** (*bed-do*; Bett) statt **futon** (*fu-ton*; Futon) sowie einem westlichen **o-furo** (*o-fu-ro*; Bad) ausgestattet – der interkulturelle Erlebnisfaktor ist daher auch eher niedriger anzusetzen.

Im **ryokan** (*ryo-kan*; traditionellen japanischen Hotel) werden Sie von einer **nakai-san** (*na-kei-san*; Angestellten) im Kimono willkommen geheißen, die für Ihr Zimmer zuständig ist und Ihnen dort ein traditionelles Frühstück sowie das Abendessen serviert und zu gegebener Zeit den Futon auf dem Tatami-Boden auslegt. Ein Besuch der großen, allen Gästen zur Verfügung stehenden Badelandschaft sowie das Tragen der bereitgestellten **yukata** (*yu-ka-ta*; leichte Kimonos aus Baumwolle) gehören zum festen Bestandteil des Aufenthalts.

In einer **minshuku** (*min-shu-ku*; Familienpension) übernachten Sie auch traditionell, müssen aber den Futon selbst aus- und wieder zusammenlegen, Ihren eigenen **yukata** mitbringen und mit den anderen Gästen gemeinsam die zumeist aus regionalen Spezialitäten bestehenden Mahlzeiten einnehmen.

Ein Zimmer reservieren

Sie sind nur noch wenige Vokabeln und ein paar Sätze von Ihrer ersten **yoyaku** (*yo-ya-ku*; Reservierung) eines Hotelzimmers in Japan entfernt, dann können Sie **denwa o kakeru** (*denwa o ka-ke-ru*; einen Anruf machen) und Zimmertyp sowie Aufenthaltsdauer bestimmen.

Mit der Partikel **o** und dem unregelmäßigen Verb **suru** lassen sich bestimmte Nomen als Verben anwenden, beispielsweise wird aus **yoyaku** (*yo-ya-ku*; Reservierung) dadurch **yoyaku o suru** (*yo-ya-ku o su-ru*; eine Reservierung machen, reservieren, vorbestellen). Die Partikel **o** kann jedoch auch wegfallen, sodass ohne Bedeutungsänderung ebenso **yoyaku suru** möglich ist.

Eine Regel beim Gebrauch von **o** muss erst beachtet werden, sobald ein zweites Objekt im Satz vorkommt, denn **heya o yoyaku o suru** geht nicht, Sie müssen sich dann für eine der beiden Varianten entscheiden:

- ✔ **heya o yoyaku suru** (*he-ya o yo-ya-ku su-ru*; ein Zimmer reservieren)
- ✔ **heya no yoyaku o suru** (*he-ya no yo-ya-ku o su-ru*; eine Zimmerreservierung machen)

Welches Zimmer möchten Sie reservieren?

Je nach **hoteru** (*ho-te-ru*; Hotel) können **shinguru** (*shin-gu-ru*; Einzelzimmer), **tsuin** (*tsu-in*; Zweibettzimmer) und **daburu** (*da-bu-ru*; Doppelzimmer) in weitere Kategorien unterteilt sein, die von **sutandādo** (*su-tan-dah-do*; Standard) über **sūperia** (*suh-pe-ria*; Superior) bis **derakkusu** (*de-rak-ku-su*; Deluxe) oder **suīto** (*su-ih-to*; Suite) reichen – nicht zu vergessen das **washitsu** (*wa-shi-tsu*; Zimmer im traditionellen japanischen Stil).

Auf die Frage **daburu to tsuin to, dochira ga yoroshii desu ka** (*da-bu-ru to tsu-in to, do-tchi-ra ga yo-ro-shih de-su ka*; Welches Zimmer möchten Sie, ein Doppel- oder ein Zweibettzimmer?) erkundigen Sie sich beispielsweise nach Größe und

Preis, aus Kapitel 6 kennen Sie das Fragewort **dochira** (*do-tchi-ra*; welches [von beiden]?):

✔ **Dochira no heya ga hiroi desu ka.** (*do-tchi-ra no he-ya ga hi-reu de-su ka*; Welches Zimmer ist größer?)

✔ **Dochira ga takai desu ka.** (*do-tchi-ra ga ta-kei de-su ka*; Welches ist teurer?)

Sollten Sie ein Zustellbett für eines Ihrer Doppelzimmer benötigen, weil Sie **gonin** (*go-nin*; fünf Personen) sind, bitten Sie mit **beddo o mō hitotsu o-negai-shimasu** (*bed-do o moh hi-to-tsu o-ne-gei-shi-ma-su*; Wir hätten gern noch ein Bett.) um eine weitere Schlafgelegenheit und beeindrucken an der Rezeption gleichzeitig mit dem richtigen Zählwort **-nin** (*nin*), das die Ausnahmen **hitori** (*hi-to-ri*) und **futari** (*fu-ta-ri*) für eine beziehungsweise zwei Personen aufweist (siehe Kapitel 3).

Kleiner Wortschatz

heya	*he-ya*	Zimmer
nagame	*na-ga-me*	Aussicht, Blick
-nin	*nin*	Zählwort für Personen
yoyaku	*yo-ya-ku*	Reservierung

Wie viele Übernachtungen?

Nun müssen Sie noch angeben, wie lange Sie bleiben wollen. Dazu brauchen Sie zunächst das u-Verb **tomaru** (*to-ma-ru*; übernachten, bleiben).

Form	Aussprache
tomaru	*to-ma-ru*
tomaranai	*to-ma-ra-nei*
tomari	*to-ma-ri*
tomatte	*to-mat-te* (nicht: *to-ma-te*)

Des Weiteren kommen die beiden Partikel **kara** (*ka-ra*; von) und **made** (*ma-de*; bis) hinzu, die Sie nicht vor, sondern hinter das entsprechende Datum setzen:

✔ **15-nichi kara** (*dschuh-go-ni-tchi ka-ra*; vom 15.)

✔ **23-nichi made** (*ni-dschuh-san-ni-tchi ma-de*; bis 23.)

✔ **15-nichi kara 23-nichi made** (*dschuh-go-ni-tchi ka-ra ni-dschuh-san-ni-tchi ma-de*; vom 15. bis 23.)

Nun können Sie die Frage nach der Aufenthaltsdauer leicht beantworten:

✔ **Raishū no getsuyōbi kara mokuyōbi made o-negai-shimasu.** (*rei-shuh no ge-tsu-yoh-bi ka-ra mo-ku-yoh-bi ma-de o-ne-gei-shi-ma-su*; Von nächster Woche Montag bis Donnerstag bitte.)

✔ **3-gatsu 15-nichi kara 23-nichi made desu.** (*san-ga-tsu dschuh-go-ni-tchi ka-ra ni-dschuh-san-ni-tchi ma-de de-su*; vom 15. bis 23. März.)

✔ **Asatte made tomarimasu.** (*a-sat-te ma-de to-ma-ri-ma-su*; Ich bleibe bis übermorgen.)

Damit es über die Anzahl der Übernachtungen nicht zu Missverständnissen kommt, gibt es das Zählwort **-haku** (*ha-ku*), das ähnlich wie das Zählwort **-hon** (*hon*) zwischen **h** und **p** wechselt:

✔ **ippaku** (*ip-pa-ku*; eine Übernachtung)

✔ **nihaku** (*ni-ha-ku*; zwei Übernachtungen)

✔ **sampaku** (*sam-pa-ku*; drei Übernachtungen)

✔ **yonhaku** (*yon-ha-ku*; vier Übernachtungen)

✔ **gohaku** (*go-ha-ku*; fünf Übernachtungen)

✔ **roppaku** (*rop-pa-ku*; sechs Übernachtungen)

Oder Sie bleiben **isshūkan** (*ish-shuh-kan*; eine Woche).

Die Zugehörigkeit zu einer bestimmten Gruppe: »uchi« und »soto«

Ein wichtiges Merkmal gesellschaftlichen Handelns in Japan bildet die Unterscheidung in **uchi** (*u-tchi*; innerhalb, Mitglied der eigenen Gruppe) und **soto** (*so-to*; außerhalb, Mitglied einer fremden Gruppe), das heißt beispielsweise bezogen auf die verschiedenen sprachlichen Stilebenen hängt deren Gebrauch davon ab, ob ein Gesprächspartner oder auch ein Gesprächsgegenstand zur eigenen oder zur fremden Gruppe zählt.

Die Vokabel **uchi** kennen Sie bisher als »zu Hause«, sie verweist aber auch auf »wir« und bezeichnet damit die Gruppe, zu der sich der Sprecher zählt. Würde der Hotelangestellte im vorigen Gespräch **uchi** benutzen, meint er »wir« im Sinne von »das Hotel, zu dem ich mich zugehörig fühle«: **Uchi wa yasui desu yo.** (*u-tchi wa ya-sui de-su yo*; Unsere Zimmer sind wirklich preisgünstig.)

Die Kosten vergleichen

Eine gute **keikaku** (*keh-ka-ku*; Planung) hilft auch in Japan, die Übernachtungskosten im Rahmen zu halten. Die Partikel **yori** (*yo-ri*; als, im Vergleich zu) liefert das notwendige Mittel für einen Vergleich der verschiedenen Unterkünfte:

- ✔ **Yūsu hosuteru wa yasui desu.** (*yuh-su ho-su-te-ru wa ya-sui de-su*; Jugendherbergen sind preisgünstig.)
- ✔ **Yūsu hosuteru wa hoteru yori yasui desu.** (*yuh-su ho-su-te-ru wa ho-te-ru yo-ri ya-sui de-su*; Jugendherbergen sind im Vergleich zu Hotels günstig. Oder: Jugendherbergen sind preisgünstiger als Hotels.)

Das gehört mir – die Possessivpronomen

Zwar ist es gerade in der **robī** (*ro-bih*; Lobby) nicht immer ganz einfach, das **nimotsu** (*ni-mo-tsu*; Gepäck) ständig im Auge zu behalten und auf **sūtsukēsu** (*suh-tsu-keh-su*; Koffer), **saifu** (*sei-fu*; Portemonnaie) oder **kagi** (*ka-gi*; Schlüssel) aufzupassen.

Die japanische Sprache macht es Ihnen dafür aber ziemlich leicht, Possessivpronomen zu bilden, mit denen Sie Ihren Besitz anzeigen können, denn an das Personalpronomen **watashi** (*wa-ta-shi*; ich) müssen Sie lediglich die Partikel **no** mit **desu** anfügen: **watashi no desu** (*wa-ta-shi no de-su*; [Das ist] mir/meins.), schon haben Sie die Zugehörigkeit geklärt. Und falls es nötig sein sollte, den Gegenstand zu benennen, um den es geht, setzen Sie zwischen **no** und **desu** das entsprechende Nomen ein:

- ✔ **Watashi no sūtsukēsu desu.** (*wa-ta-shi no suh-tsu-keh-su de-su*; Das ist mein Koffer.)

- ✔ **Kore wa watashi no kaban desu.** (*ko-re wa wa-ta-shi no ka-ban de-su*; Das hier ist meine Tasche.)

Das funktioniert natürlich auch mit den anderen Personalpronomen wie **kare** (*ka-re*; er), **kanojo** (*ka-no-dscho*; sie) oder **watashitachi** (*wa-ta-shi-ta-tchi*; wir), die Sie aus Kapitel 2 kennen:

- ✔ **Kare no saifu desu.** (*ka-re no sei-fu de-su*; Das ist sein Portemonnaie.)

- ✔ **Kanojo no kagi desu.** (*ka-no-dscho no ka-gi de-su*; Das ist ihr Schlüssel.)

- ✔ **Watashitachi no chiketto desu.** (*wa-ta-shi-ta-tchi no tchi-ket-to de-su*; Das sind unsere Tickets.)

Ins Hotel einchecken

Je nachdem, in welcher Kategorie Hotel Sie **tsuku** (*tsu-ku*; ankommen), kümmert sich um Ihr Gepäck sogleich ein **bōi-san** (*boh-i-san*; Hotelpage), der im Gegensatz zu den Gepflogenheiten in anderen Ländern kein Trinkgeld erwartet. Beim u-Verb **tsuku** wird er Ihnen allerdings nicht behilflich sein:

Form	Aussprache
tsuku	*tsu-ku*
tsukanai	*tsu-ka-nei*
tsuki	*tsu-ki*
tsuite	*tsui-te*

Wenn Sie keine **yoyaku** (*yo-ya-ku*; Reservierung) haben, fragen Sie an der **furonto** (*fu-ron-to*; Rezeption) nach einem **akibeya** (*a-ki-be-ya*; freien Zimmer): **Akibeya wa arimasu ka** (*a-ki-be-ya wa a-ri-ma-su ka*; Haben Sie freie Zimmer?).

Beim **chekku-in suru** (*tchek-ku-in su-ru*; Einchecken) wird man Sie mit dem besonders höflichen Suffix **-sama** (*sa-ma*; Herr/Frau) statt dem allgemeinen **-san** (*san*; Herr/Frau) ansprechen und Sie möglicherweise bitten, in ein **yōshi** (*yoh-shi*; Formular) **namae** (*na-mae*; Namen), **jūsho** (*dschuh-sho*; Anschrift) und **denwa bangō** (*den-wa ban-goh*; Telefonnummer) einzutragen. Wahrscheinlich müssen Sie auch Ihren p**asupōto** (*pa-su-poh-to*; Pass) vorzeigen, bevor Sie den **kagi** (*ka-gi*; Schlüssel) für Ihr **heya** (*he-ya*; Zimmer) erhalten.

Ob sich Ihr Zimmer im **7-kai** (*na-na-kei*) oder **37-kai** (*san-dschuh-na-na-kei*) befindet, versuchen Sie nicht, auf die deutsche Zählweise umzurechnen (**7-kai** ist im Deutschen der sechste Stock, weil das Erdgeschoss **1-kai** ist), und gewöhnen Sie sich lieber gleich an die japanische Zählweise, sodass Sie nicht auf der falschen Etage aus dem Aufzug steigen.

Dann fehlt jetzt nur noch Ihre Zimmernummer, und Sie vermuten richtig – auch hierfür gibt es ein Zählwort: **-gōshitsu** (*goh-shi-tsu*), das Sie allerdings einfach nur an die Zahlen, so wie Sie sie bereits kennen, anzufügen brauchen:

✔ **250-gōshitsu** (*ni-hya-ku go-dschuh-goh-shi-tsu*; Zimmer Nr. 250)

✔ **502-gōshitsu** (*go-hya-ku-ni-goh-shi-tsu*; Zimmer Nr. 502)

✔ **2502-gōshitsu** (*ni-sen go-hya-ku-ni-goh-shi-tsu*; Zimmer Nr. 2502)

Vielleicht möchten Sie außerdem gern noch wissen, ob es **kurīningu sābisu** (*ku-rih-nin-gu sah-bi-su*; Wäscheservice, Reinigung) gibt oder ob Sie den **kinko** (*kin-ko*; Safe) des Hotels benutzen können. Hier ein paar Sätze, die Sie ruhig **neru** (*ne-ru*; schlafen) lassen, wenn Sie Ihre Antworten bekommen haben:

✔ **Chekku-auto wa nanji desu ka.** (*tchek-ku-au-to wa nan-dschi de-su ka*; Bis wann muss ich ausgecheckt haben?)

✔ **Chōshoku wa tsuite imasu ka.** (*tchoh-sho-ku wa tsui-te i-ma-su ka*; Ist das Frühstück inbegriffen?)

✔ **Chūshajō wa doko desu ka.** (*tchuh-sha-dschoh wa do-ko de-su ka*; Wo ist die Hotelgarage?)

✔ **Watashi ni dengon wa arimasen ka.** (*wa-ta-shi ni den-gon wa a-ri-ma-sen ka*; Ist keine Nachricht für mich hinterlassen worden?)

✔ **Rūmu sābisu wa arimasu ka.** (*ruh-mu sah-bi-su wa a-ri-ma-su ka*; Haben Sie Zimmerservice?)

✔ **Ashita no 6-ji ni mōningu kōru o o-negai-shimasu.** (*a-shta no ro-ku-dschi ni moh-nin-gu koh-ru o o-ne-gei-shi-ma-su*; Ich möchte für morgen früh um 6 Uhr gern einen Weckanruf.)

Das in der te-Form stehende Verb **tsuku** (*tsu-ku*) in dem Satz »Ist das Frühstück inbegriffen?« ist nicht das **tsuku** (*tsu-ku*; ankommen), das Sie kennen, sondern ein gleichlautendes, aber mit anderem **kanji** (*kan-dschi*; sino-japanischen Schriftzeichen) geschriebenes Verb, was »dabei, zugehörig, inbegriffen sein« bedeutet.

Sind alle Fragen mit der **furonto** (*fu-ron-to*; Rezeption) geklärt? Dann ist Ihr Zimmer bezugsfertig, sobald Sie das ru-Verb **neru** (*ne-ru*; schlafen) verinnerlicht haben:

Form	Aussprache
neru	*ne-ru*
nenai	*ne-nei*
ne	*ne*
nete	*ne-te*

Kleiner Wortschatz

chekku-in	*tchek-ku-in*	Check-in
-gōshitsu	*goh-shi-tsu*	Zimmer Nr. (Zählwort)
kagi	*ka-gi*	Schlüssel
kinko	*kin-ko*	Safe, Tresor
neru (ru-Verb)	*ne-ru*	schlafen
rūmu sābisu	*ruh-mu sah-bi-su*	Zimmerservice
tsuku (u-Verb)	*tsu-ku*	ankommen in (mit Partikel **ni**)

Aus dem Hotel auschecken

Sie hatten an der Rezeption ja bereits gefragt, wann Sie **chekku-auto suru** (*tchek-ku-au-to suru*; auschecken) müssen. **Wasureru** (*wa-su-re-ru*; vergessen) Sie nichts im Zimmer und bezahlen Sie an der **furonto** (*fu-ron-to*; Rezeption) Ihre Rechnung, zu der eventuell noch einige Posten hinzukommen:

- ✔ **denwaryō** (*den-wa-ryoh*; Gebühren für die Telefonnutzung)
- ✔ **inshokuryō** (*in-sho-ku-ryoh*; Speisen und Getränke)
- ✔ **kurīningudai** (*ku-rih-nin-gu-dei*; Reinigungsservice)
- ✔ **zeikin** (*zeh-kin*; Steuern)

Nachdem Sie alles beglichen haben, kann das Hotel aber trotzdem noch etwas für Sie tun:

- ✔ **5-ji made nimotsu o azukatte kudasai.** (*go-dschi ma-de ni-mo-tsu o a-zu-kat-te ku-da-sei*; Bitte bewahren Sie mein Gepäck bis 17 Uhr auf.)
- ✔ **Ryōshūsho o kudasai.** (*ryoh-shuh-sho o ku-da-sei*; Geben Sie mir bitte eine Quittung.)
- ✔ **Takushī o yonde kudasai.** (*ta-kshih o yon-de ku-da-sei*; Rufen Sie mir bitte ein Taxi.)

Sofern Ihrer Bitte entsprochen werden kann, wird Ihnen der Hotelangestellte mit **kekkō desu** (*kek-koh de-su*; selbstverständlich, gern, in Ordnung), einer höflichen Variante von **ii desu** (*ih de-su*; gut, okay), antworten und Ihr Gepäck in Empfang nehmen, die Quittung ausstellen oder das Taxi rufen.

Je nach Situation ist die Bedeutung von **kekkō desu** (*kek-koh de-su*) unterschiedlich: Wenn Ihnen beispielsweise ein Getränk angeboten wird und Sie antworten mit **kekkō desu**, haben Sie das Angebot nicht mit »Gern / In Ordnung.« angenommen, sondern mit »Nein, danke.« abgelehnt. Um Missverständnisse zu vermeiden, wird im Fall von »Nein, danke.« oft auch **iie** (*ih-e*) ergänzt: **iie, kekkō desu.**

Mit der te-Form der Verben und anschließendem **kudasai** können Sie eine Bitte formulieren. Sie können diese Bitte aber noch ein wenig freundlicher klingen lassen, indem Sie **-masen** (das ist die Verneinung von **-masu**, siehe auch Kapitel 2) und die Fragepartikel **ka** an **kudasai** anfügen, sodass **kudasaimasen ka** (*ku-da-sei-ma-sen ka*; wörtlich: Würden Sie mir nicht den Gefallen erweisen wollen, das zu tun?) entsteht:

✔ **Kaite kudasai.** (*kei-te ku-da-sei*; Bitte schreiben Sie.)

✔ **Kaite kudasaimasen ka.** (*kei-te ku-da-sei-ma-sen ka*; Würden Sie bitte schreiben.)

✔ **Yonde kudasai.** (*yon-de ku-da-sei*; Bitte lesen Sie.)

✔ **Yonde kudasaimasen ka.** (*yon-de ku-da-sei-ma-sen ka*; Würden Sie bitte lesen.)

Im Notfall 11

> **In diesem Kapitel**
> ✔ Um Hilfe rufen
> ✔ Mit einem Polizisten sprechen
> ✔ Rechtsbeistand erhalten
> ✔ Einen Arzt konsultieren

Inzwischen haben Sie Land und Leute recht gut kennengelernt, die japanische Küche probiert, unterschiedliche Gegenden bereist und auf Japanisch verschiedene Situationen des Alltags gemeistert. Dazu gehört allerdings auch, im Notfall die richtigen Entscheidungen zu treffen und entsprechend vorbereitet zu sein. Das lernen Sie in diesem Kapitel.

Um Hilfe rufen

Überlegen Sie im Notfall nicht zu lange, es könnte sonst zu spät sein:

✔ **Abunai.** (*a-bu-nei*; Achtung! Vorsicht!)
✔ **Dareka.** (*da-re-ka*; Zu Hilfe!)
✔ **Tasukete.** (*tas-ke-te*; Hilfe!)
✔ **Dorobō.** (*do-ro-boh*; Ein Dieb!)
✔ **Kaji.** (*ka-dschi*; Feuer!)
✔ **Keisatsu.** (*keh-sa-tsu*; Polizei!)

Tasukete ist die te-Form von **tasukeru** (*tas-ke-ru*; helfen), die in dem Ausruf »Hilfe!« ohne die Hinzufügung von **kudasai**

(*ku-da-sei*) wie in **tasukete kudasai** (*tas-ke-te ku-da-sei*; Bitte helfen Sie mir.) benutzt werden kann. Das trifft auf alle Verben in der te-Form und auch im Fall von informellen Bitten zu: **Mite** (*mi-te*; Schau mal!). Für Formen und Aussprache des ru-Verbs **tasukeru** (*tas-ke-ru*; helfen) hingegen brauchen Sie sicher keine Hilfe mehr, nur der Vollständigkeit halber:

Form	Aussprache
tasukeru	*tas-ke-ru*
tasukenai	*tas-ke-nei*
tasuke	*tas-ke*
tasukete	*tas-ke-te*

Wenn Sie glauben, jemand könnte Ihre Hilfe gebrauchen, erkundigen Sie sich:

✔ **Daijōbu desu ka.** (*dei-dschoh-bu de-su ka*; Ist alles in Ordnung?)

✔ **Dōshita-n-desu ka.** (*doh-shta-n-de-su ka*; Was ist passiert?)

Vielleicht können Sie nicht direkt einschreiten oder etwas unternehmen, sodass es besser ist, **keisatsu** (*keh-sa-tsu*; Polizei), **shōbōsho** (*shoh-boh-sho*; Feuerwehr) oder **kyūkyūsha** (*kyuh-kyuh-sha*; Krankenwagen) zu **yobu** (*yo-bu*; rufen), ein u-Verb, das dann sitzen muss:

Form	Aussprache
yobu	*yo-bu*
yobanai	*yo-ba-nei*
yobi	*yo-bi*
yonde	*yon-de*

Ihre Hilfe können Sie anbieten, indem Sie das Suffix **-mashō ka** (*ma-shoh ka*; Soll ich?) an die Stammform eines Verbs anfügen und dadurch beispielsweise **yobimashō ka** (*yo-bi-ma-shoh ka*; Soll ich rufen?) erhalten; mit dem Nomen **keisatsu** (*keh-sa-tsu*; Polizei) und der Partikel **o** (*o*) ergibt sich dann: **Keisatsu o yobimashō ka.** (*keh-sa-tsu o yo-bi-ma-shoh ka*; Soll ich die Polizei rufen?)

Mit der te-Form und **kudasai** (*ku-da-sei*) können Sie auch jemanden bitten, diese Aufgaben zu übernehmen:

✔ **Keisatsu ni denwa shite kudasai.** (*keh-sa-tsu ni den-wa shte ku-da-sei*; Bitte rufen Sie die Polizei.)

✔ **Kyūkyūsha o yonde kudasai.** (*kyuh-kyuh-sha o yon-de ku-da-sei*; Bitte rufen Sie einen Krankenwagen.)

✔ **Shōbōsho ni denwa shite kudasai.** (*shoh-boh-sho ni den-wa shte ku-da-sei*; Bitte rufen Sie bei der Feuerwehr an.)

Kleiner Wortschatz

Daijōbu desu ka.	*dei-dschoh-bu de-su ka.*	Ist alles in Ordnung mit Ihnen?
dorobō	*do-ro-boh*	Dieb
kaji	*ka-dschi*	Feuer, Brand
keisatsu	*keh-sa-tsu*	Polizei
kyūkyūsha	*kyuh-kyuh-sha*	Krankenwagen
shōbōsho	*shoh-boh-sho*	Feuerwehr
tasukeru (ru-Verb)	*tas-ke-ru*	helfen
Tasukete	*tas-ke-te*	Hilfe!
yobu (u-Verb)	*yo-bu*	rufen

Die Polizei rufen

Um in Japan die Polizei zu alarmieren, wählen Sie die gleiche Notrufnummer wie in Deutschland: **110-ban**, unterschiedlich ist jedoch die Aussprache, die selbst im japanischen Zahlensystem eine Besonderheit aufweist. Nicht **hyaku-jūban**, sondern **hyaku-tōban** (*hya-ku-toh-ban*; 110), also **hyaku** (*hya-ku*; 100) + **tō** (*toh*; rein japanische Aussprache für 10) + Suffix **-ban** (*ban*; Nummer). Rettungswagen und Feuerwehr erreichen Sie mit der **hyaku-jūkyūban** (*hya-ku-dschuh-kyuh-ban*; 119).

Einen Unfall melden

Sind Sie Zeuge eines **jiko** (*dschi-ko*; Unglücks, Unfalls) geworden, rufen Sie die **keisatsu** (*keh-sa-tsu*; Polizei) und melden den **jiko** (*dschi-ko*; Unfall), indem Sie das unregelmäßige Verb **aru** (*a-ru*; sein, existieren; stattfinden, geben) in die höflich-neutrale Vergangenheitsform **arimashita** (*a-ri-ma-shta*) setzen:

✔ **Jiko ga arimashita.** (*dschi-ko ga a-ri-ma-shta*; Es hat einen Unfall gegeben.)

✔ **Takada-eki no mae de jiko ga arimashita.** (*ta-ka-da e-ki no mae de dschi-ko ga a-ri-ma-shta*; Vor dem Bahnhof in Takada hat es einen Unfall gegeben.)

Zwei weitere wichtige u-Verben, die Sie im Zusammenhang mit **jiko** hoffentlich nie aktiv benutzen müssen, sind **okosu** (*o-ko-su*; verursachen) + Partikel **o** (*o*) und **au** (*au*; [Unfall] haben) + Partikel **ni** (*ni*):

- ✔ **Kinō otōto ga jiko o okoshimashita.** (*ki-noh o-toh-to ga dschi-ko o o-ko-shi-ma-shta*; Gestern hat mein [jüngerer] Bruder einen Unfall verursacht.)
- ✔ **Hidoi jiko ni aimashita.** (*hi-deu dschi-ko ni ei-ma-shta*; Ich hatte einen schlimmen Unfall.)

Wie bei **aru** benötigen Sie auch für **au** und **okosu** die Stammform, um die höflich-neutrale Stilebene der Vergangenheit **-mashita** anzufügen:

Form	Aussprache
okosu	*o-ko-su*
okosanai	*o-ko-sa-nei*
okoshi	*o-ko-shi*
okoshite	*o-ko-shte*

Form	Aussprache
au	*au*
awanai	*a-wa-nei*
ai	*ei*
atte	*at-te*

Bei einem Notruf reicht es manchmal nicht, immer nur »Unfall« oder »Unglück« zu sagen, vielmehr kann es wichtig sein, das Ereignis genauer zu benennen:

- ✔ **gasumore jiko** (*ga-su-mo-re dschi-ko*; Gasleck; austretendes Gas)
- ✔ **jidōsha jiko** (*dschi-doh-sha dschi-ko*; Autounfall)
- ✔ **kaji** (*ka-dschi*; Feuer)
- ✔ **kega** (*ke-ga*; Verletzung)
- ✔ **kōtsū jiko** (*koh-tsuh dschi-ko*; Verkehrsunfall)

Um juristischem Streit vorzubeugen und die Auflagen Ihrer Versicherung zu erfüllen, sollten Sie nach einem **kōtsū jiko** (*koh-tsuh dschi-ko*; Verkehrsunfall), in den Sie verwickelt wurden, stets die **keisatsu** (*keh-sa-tsu*; Polizei) rufen und sich nicht von der Unfallstelle entfernen. Für eventuell notwendige Wegbeschreibungen greifen Sie auf Wörter und Beispielsätze aus Kapitel 9 zurück. Solange Sie dann auf das Eintreffen der **keisatsukan** (*keh-sa-tsu-kan*; Polizeibeamten) **matsu** (*ma-tsu*; warten), bleibt vielleicht noch genügend Zeit, sich eben dieses u-Verb durch den Kopf gehen zu lassen:

Form	Aussprache
matsu	*ma-tsu*
matanai	*ma-ta-nei*
machi	*ma-tchi*
matte	*mat-te*

Kleiner Wortschatz

au (u-Verb)	*au*	[einen Unfall] haben (mit Partikel ni)
jidōsha jiko	*dschi-doh-sha dschi-ko*	Autounfall
jiko	*dschi-ko*	Unfall, Unglück
keisatsukan	*keh-sa-tsu-kan*	Polizeibeamter
matsu (u-Verb)	*ma-tsu*	warten
okosu (u-Verb)	*o-ko-su*	verursachen

Fundsachen wiederbekommen

Wo habe ich **watashi no handobaggu** (*wa-ta-shi no han-do-bag-gu*; meine Handtasche) liegen lassen? Wo ist **watashi no sūtsukēsu** (*wa-ta-shi no suh-tsu-keh-su*; mein Koffer)? **Watashi no saifu** (*wa-ta-shi no sei-fu*; mein Portemonnaie) ist weg! Nicht ganz so schlimm, aber auch ärgerlich: Hatte ich nicht einen **kasa** (*ka-sa*; Schirm) dabei?

Geben Sie zu Protokoll, was sich in Ihrem **saifu** (*sei-fu*; Portemonnaie) befunden hat:

✔ **gakuseishō** (*ga-ku-seh-shoh*; Studentenausweis)

✔ **genkin** (*gen-kin*; Bargeld)

✔ **kagi** (*ka-gi*; Schlüssel)

✔ **kurejitto kādo** (*ku-re-dschit-to kah-do*; Kreditkarte)

✔ **mibun shōmeisho** (*mi-bun shoh-meh-sho*; Personalausweis)

✔ **pasupōto** (*pa-su-poh-to*; Pass)

✔ **teikiken** (*teh-ki-ken*; Zeitfahrkarte, Monatskarte)

✔ **unten menkyoshō** (*un-ten men-kyo-shoh*; Führerschein)

Das passende Verb hierfür lautet **haitte iru** (*heit-te i-ru*; enthalten), das sich zusammensetzt aus der te-Form von **hairu** (*hei-ru*; hineinkommen) und **iru** (*i-ru*; sein, existieren).

Iru (informell-einfacher Stil) beziehungsweise **imasu** (höflich-neutraler Stil) bezeichnen in dieser Kombination den eingetretenen Zustand »enthält, enthalten, drinnen sein«, nachdem die Handlung »hineinkommen« beendet ist: **genkin ga haitte**

iru/imasu (*gen-kin ga heit-te i-ru/i-ma-su*; es enthält Bargeld, Bargeld ist drinnen).

Vergewissern Sie sich vor den Beispielsätzen, dass das u-Verb **hairu** keine Probleme bereitet:

Form	Aussprache
hairu	*hei-ru*
hairanai	*hei-ra-nei*
hairi	*hei-ri*
haitte	*heit-te*

✔ **Shashin ga haitte imasu.** (*sha-shin ga heit-te i-ma-su*; Fotos sind drinnen.)

✔ **Saifu to pasupōto ga haitte imasu.** (*sei-fu to pa-su-poh-to ga heit-te i-ma-su*; Portemonnaie und Pass befinden sich drinnen.)

✔ **Genkin to kurejitto kādo to shashin ga haitte imasu.** (*gen-kin to ku-re-dschit-to kah-do to sha-shin ga heit-te i-ma-su*; Bargeld, Kreditkarte und Fotos sind drinnen.)

Am Anfang werden Sie das u-Verb **nakusu** (*na-ku-su*; etwas verlieren) benötigen, während Sie danach Ihre ganze Hoffnung auf das u-Verb **mitsukaru** (*mi-tsu-ka-ru*; gefunden werden) richten:

Form	Aussprache
nakusu	*na-ku-su*
nakusanai	*na-ku-sa-nei*
nakushi	*na-ku-shi*
nakushite	*na-ku-shte*

Form	Aussprache
mitsukaru	*mi-tsu-ka-ru*
mitsukaranai	*mi-tsu-ka-ra-nei*
mitsukari	*mi-tsu-ka-ri*
mitsukatte	*mi-tsu-kat-te*

Sollten Sie im **depāto** (*de-pah-to*; Kaufhaus), **eki** (*e-ki*; Bahnhof) oder **kūkō** (*kuh-koh*; Flughafen) ausgerufen werden, wurden Ihre Sachen wahrscheinlich schon gefunden und Sie hätten sicher nichts dagegen, in einem solchen Fall auch einfach mit **kite kudasai** (*ki-te ku-da-sei*; Bitte kommen Sie …) zu einem der Schalter gebeten zu werden; stattdessen hören Sie das besonders höfliche u-Verb **kosu** (*ko-su*; sich begeben, kommen, gehen) in der Stammform, eingebettet zwischen Höflichkeitspräfix **o-** (*o*) und **kudasai**: **o-koshi kudasai** (*o-ko-shi ku-da-sei*). Der vollständige Aufruf enthält schließlich Ihren Namen sowie den Ort mit der Partikel **made** (*ma-de*): **… made o-koshi kudasai.** (*ma-de o-ko-shi ku-da-sei*; Bitte kommen Sie zu …).

Anwaltlichen Rat einholen

Auch in Japan lässt sich nicht immer auf rechtlichen Beistand verzichten, sodass man mit einem **bengoshi** (*ben-go-shi*; Rechtsanwalt) **hanasu** (*ha-na-su*; sprechen) oder auch die **Doitsu taishikan Tōkyō** (*deu-tsu tei-shi-kan toh-kyoh*; Deutsche Botschaft Tokyo) beziehungsweise das **Ōsaka Kōbe Doitsu sōryōjikan** (*oh-sa-ka koh-be deu-tsu soh-ryoh-dschi-kan*; Deutsche Generalkonsulat Osaka-Kobe) **renraku suru** (*ren-ra-ku su-ru*; kontaktieren) muss.

Sie können jedoch Beratungsgebühren sparen, wenn Sie sich vorher über das u-Verb **hanasu** (*ha-na-su*; sprechen) kundig gemacht haben:

Form	Aussprache
hanasu	*ha-na-su*
hanasanai	*ha-na-sa-nei*
hanashi	*ha-na-shi*
hanashite	*ha-na-shte*

✔ **Doitsu taishikan ni renraku shite kudasai.** (*deu-tsu tei-shi-kan ni ren-ra-ku shte ku-da-sei*; Bitte kontaktieren Sie die Deutsche Botschaft.)

✔ **Bengoshi o yonde kudasai.** (*ben-go-shi o yon-de ku-da-sei*; Bitte rufen Sie einen Anwalt.)

✔ **Watashi no bengoshi ni hanashite kudasai.** (*wa-ta-shi no ben-go-shi ni ha-na-shte ku-da-sei*; Bitte sprechen Sie mit meinem Anwalt.)

Kleiner Wortschatz

bengoshi	*ben-go-shi*	Rechtsanwalt
hanasu (u-Verb)	*ha-na-su*	sprechen
sōryōjikan	*soh-ryoh-dschi-kan*	Generalkonsulat
taishikan	*tei-shi-kan*	Botschaft

Medizinische Hilfe benötigen

Sollte auch das Fachvokabular selbst in heimischen Arztpraxen manchmal unverständlich bleiben, ist es umso wichtiger, gerade für einen Arztbesuch in Japan mit den notwendigsten Vokabeln, Ausdrücken und Redewendungen vorgesorgt zu haben. Ansonsten wird es sicher schwierig, dem behandelnden **o-isha-san** (*o-i-sha-san*; Arzt) die **shōjō** (*shoh-dschoh*; Beschwerden und Symptome) mitzuteilen, damit die **kensa** (*ken-sa*; Untersuchung) gemacht und anschließend die **shindan** (*shin-dan*; Diagnose) gestellt werden kann, sodass Sie die richtigen **kusuri** (*ku-su-ri*; Medikamente) für Ihre **chiryō** (*tchi-ryoh*; Therapie) erhalten.

Einen Arzt aufsuchen

Im medizinischen Notfall rufen Sie unter **119-ban** (*hya-ku-dschuh-kyuh-ban*; 119) entweder einen **kyūkyūsha** (*kyuh-kyuh-sha*; Krankenwagen; Notarzt) oder wenden sich an ein **kyūkyū byōin** (*kyuh-kyuh byoh-in*; Notfallkrankenhaus). Ist keine Eile geboten, erfolgt die Anmeldung in einem **byōin** (*byoh-in*; Krankenhaus), in dem **semmon-i** (*sem-mon-i*; Fachärzte) die entsprechenden Untersuchungen durchführen können:

- **ganka-i** (*gan-ka-i*; Augenarzt)
- **haisha** (*ha-i-sha*; Zahnarzt)
- **hifuka-i** (*hi-fu-ka-i*; Hautarzt)
- **naika-i** (*nei-ka-i*; Internist)
- **sanfujinka-i** (*san-fu-dschin-ka-i*; Gynäkologe)
- **seikei gekai-i** (*seh-keh ge-ka-i*; Orthopäde)
- **shōnika-i** (*shoh-ni-ka-i*; Kinderarzt)

Kleiner Wortschatz

byōin	*byoh-in*	Krankenhaus
haisha	*ha-i-sha*	Zahnarzt
naika	*nei-ka*	innere Medizin
naika-i	*nei-ka-i*	Internist
o-isha-san	*o-i-sha-san*	Arzt (allgemein)
o-isha-san ni iku	*o-i-sha-san ni i-ku*	zum Arzt gehen
semmon-i	*sem-mon-i*	Facharzt

Wo tut es weh?

Beim Arzt kann man natürlich auch auf die entsprechende Stelle zeigen, aber man fühlt sich als **kanja** (*kan-dscha*; Patient) vielleicht doch nicht so hilflos, wenn man die japanischen Begriffe aus Tabelle 11.1 parat hat.

Jetzt fehlt noch »wehtun, schmerzen«, wofür Sie die Partikel **ga** (*ga*) zusammen mit dem i-Adjektiv **itai** (*i-tei*) an die Wörter aus Tabelle 11.1 anfügen müssen, je nach Stilebene oder Gesprächssituation auch als **itai desu** (*i-tei de-su*) oder **itai-n-desu** (*i-tei-n-de-su*).

Achten Sie im Folgenden auf **-n-desu** (*n-de-su*). Würden Sie **-n-desu** nicht benutzen, könnte Ihr Gesprächspartner mit **sō desu ka** (*soh de-su ka*; Ah ja?) antworten und das Gespräch wäre beendet. So erfordert **-n-desu** aber eine Reaktion wie beispielsweise die Erteilung eines Ratschlags.

Japanisch	Aussprache	Übersetzung
ashi	*a-shi*	Bein; Fuß (unterschiedliche Schriftzeichen)
atama	*a-ta-ma*	Kopf
hiza	*hi-za*	Knie
kata	*ka-ta*	Schulter
koshi	*ko-shi*	Hüfte
kubi	*ku-bi*	Nacken
kuchi	*ku-tchi*	Mund
me	*me*	Auge
mimi	*mi-mi*	Ohr
mune	*mu-ne*	Brust
nodo	*no-do*	Kehle; Hals
o-naka	*o-na-ka*	Bauch
senaka	*se-na-ka*	Rücken
te	*te*	Hand; Arm
ude	*u-de*	Arm

Tabelle 11.1: Körperteile auf Japanisch

✔ **Atama ga itai-n-desu.** (*a-ta-ma ga i-tei-n-de-su*; Mir tut der Kopf weh.)

✔ **O-naka ga itai-n-desu.** (*o-na-ka ga i-tei-n-de-su*; Ich habe Bauchschmerzen.)

✔ **Mimi to nodo ga totemo itai-n-desu.** (*mi-mi to no-do ga to-te-mo i-tei-n-de-su*; Ich habe ziemliche Ohren- und Halsschmerzen.)

Für den spontanen Ausruf »Aua!« oder »Das tut weh« können Sie das i-Adjektiv **itai** ebenfalls benutzen, Gedanken über Partikel, Nomen oder gar **-n-desu** müssen Sie sich dann aber nicht machen: **Itai!**

Krankheitssymptome beschreiben

Hat es einen richtig erwischt, tut es meistens nicht nur irgendwo weh, sondern es kommen noch **shōjō** (*shoh-dschoh*; Symptome und Beschwerden) hinzu, die einen direkten Hinweis auf eine bestimmte **byōki** (*byoh-ki*; Erkrankung) geben können. Nähern Sie sich Tabelle 11.2 mit entsprechender Vorsicht, damit Sie sich nicht anstecken.

Japanisch	Aussprache	Übersetzung
geri o shite iru	*ge-ri o shte i-ru*	Durchfall haben
hakike ga suru	*ha-ki-ke ga su-ru*	Brechreiz, Würgegefühl haben
hana ga tsumatte iru	*ha-na ga tsu-mat-te i-ru*	eine verstopfte Nase haben
hanamizu ga deru	*ha-na-mi-zu ga de-ru*	die Nase läuft
kushami ga deru	*ku-sha-mi ga de-ru*	niesen
me ga kayui	*me ga ka-yui*	die Augen jucken
netsu ga aru	*ne-tsu ga ar-ru*	Fieber haben
nodo ga itai	*no-do ga-i-tei*	Halsschmerzen haben
seki ga deru	*se-ki ga de-ru*	husten
zutsū ga suru	*zu-tsuh ga su-ru*	Kopfschmerzen haben
zei-zei suru	*zeh-zeh su-ru*	keuchend, schwer atmen

Tabelle 11.2: Krankheitssymptome auf Japanisch

Müssen Sie noch eine Weile warten, bis Sie ins Behandlungszimmer gerufen werden? Dann lenken Sie sich ein bisschen mit dem ru-Verb **deru** (*de-ru*; herauskommen) ab, das Sie in Tabelle 11.2 entdeckt haben:

Form	Aussprache
deru	*de-ru*
denai	*de-nei*
de	*de*
dete	*de-te*

Die Diagnose wird gestellt

Bei all den Symptomen ist es wohl besser, zur Abklärung noch ein paar weitere Untersuchungen zu machen, bevor die Diagnose gestellt werden kann, sei es ein **shindenzu** (*shin-den-zu*; EKG) oder eine Messung des **ketsuatsu** (*ke-tsu-a-tsu*; Blutdrucks). Vielleicht aber auch

- ✔ **chōompa** (*tchoh-om-pa*; Ultraschall)
- ✔ **ketsueki kensa** (*ke-tsu-eki ken-sa*; Blutbild)
- ✔ **nyō kensa** (*nyoh ken-sa*; Urinuntersuchung)
- ✔ **rentogen** (*ren-to-gen*; Röntgen)

Eine Diagnose hört sich immer höchst besorgniserregend an, wenn man das Vokabular des Arztes nicht versteht. Zumindest diesem Aspekt können Sie vorbeugen:

- ✔ **haien** (*hei-en*; Lungenentzündung)
- ✔ **infuruenza** (*in-fu-ru-en-za*; Grippe)
- ✔ **kafunshō** (*ka-fun-shoh*; Heuschnupfen)
- ✔ **kansetsuen** (*kan-se-tsu-en*; Gelenkentzündung, Arthritis)
- ✔ **kaze** (*ka-ze*; Erkältung)
- ✔ **kossetsu** (*kos-se-tsu*; Knochenbruch, Fraktur)

- **nenza** (*nen-za*; Verstauchung)
- **shokuchūdoku** (*sho-ku-tchuh-do-ku*; Lebensmittelvergiftung)

Einen Therapieplan erhalten

Zur Linderung der Beschwerden wird Ihnen Ihr Arzt vielleicht ein **kusuri** (*ku-su-ri*; Medikament) verschreiben, das Sie in der **kusuriya** (*ku-su-ri-ya*; Apotheke) abholen müssen, etwa:

- **asupirin** (*a-su-pi-rin*; Aspirin)
- **genetsuzai** (*ge-ne-tsu-zei*; fiebersenkendes Mittel)
- **itamidome** (*i-ta-mi-do-me*; Schmerzmittel)
- **kōsei busshitsu** (*koh-seh bush-shi-tsu*; Antibiotika)
- **sekidome** (*se-ki-do-me*; Hustenmittel)

Im Fall einer Verletzung könnten auch weitergehende Maßnahmen notwendig werden – erinnern Sie sich noch an Kapitel 1, in dem von einigen wenigen deutschen Wörtern im Japanischen unter anderem aus Bergsteigerwelt und Medizin die Rede war? Mit dem **ryukkusakku** (*ryuk-ku-sak-ku*; Rucksack) sind Sie vielleicht schon unterwegs gewesen, ist dann beim Wandern Ihr Fuß in Mitleidenschaft gezogen worden, reicht eventuell ein einfacher **hōtai** (*hoh-tei*; Verband) oder eine **shippu** (*ship-pu*; Kompresse), wenn nicht, kommt er eben ganz in **gipusu** (*gi-pu-su*; Gips).

Zehn wichtige Redewendungen 12

Yatta

(*yat-ta*; Geschafft!)

Eine schwierige Aufgabe meistern, eine günstige Gelegenheit nutzen, sich als Sieger fühlen – nur ein Wort, das alles enthält: **Yatta.**

Hontō

(*hon-toh*; Wirklich?)

Es gibt nichts, was es nicht gibt. In all den Situationen, die Ihnen zu fantastisch, einfach nur unglaublich klingen, sei irgendetwas zu schön oder zu schlimm, verleihen Sie mit **hontō** Ihrem Zweifel den entsprechenden Ausdruck.

Ā, sō desu ka

(*ah, soh de-su ka*; Ah ja.)

Oft genug wird im Gespräch jede, aber auch jede neue Information des Gesprächspartners mit **Ā, sō desu ka** bestätigt – Sie sagen nichts. Ja, rede ich gegen eine Wand? **Ā, sō desu ka.** Gut, dann geht's zum nächsten Punkt.

Mochiron

(*mo-tchi-ron*; Gar keine Frage!)

Würdest du mich noch einmal heiraten? **Mochiron.** Es gibt Fragen, auf die kann es nur eine Antwort geben, eine Antwort, die nicht nur ein »Ja!«, sondern ein richtiges »Ja!«, ein hundertprozentiges »Ja!« – was sage ich –, ein hundertfünfzigprozentiges »Ja!« bedeutet. Dafür gibt es im Japanischen **mochiron.** Würden Sie dieses Buch noch einmal kaufen?

Ā, yokatta

(*ah, yo-kat-ta*; Ah, gut.)

Unterwegs überkommt Sie plötzlich eine innere Unruhe und Sie müssen sich vergewissern, um sorglos und erleichtert weiterfahren zu können: Du hast doch den Herd ausgeschaltet? – Natürlich. Auch alle Fenster zugemacht? – Wie immer. Und das Licht ist auch aus? – Sicher. **Ā, yokatta.**

Zenzen

(*zen-zen*; Überhaupt nicht! Nicht im Geringsten!)

Denken Sie an die Aussprache: stimmhaftes **s**, kein deutsches **z** beziehungsweise **ts**)

Stört es Sie, wenn …? – **Zenzen.** Macht es Ihnen etwas aus, wenn …? – **Zenzen.** Sollten Sie sich weder gestört fühlen noch etwas dagegen haben, dann ist **zenzen** eine gute Wahl – hat aber nichts mit besonders intensiver oder doppelter Zen-Meditation zu tun, die Aussprache *zen* ist zwar gleich, die **kanji** (*kan-dschi*; sino-japanischen Schriftzeichen) sind aber unterschiedlich. Auch wenn Sie von etwas nicht den blassesten Schimmer haben sollten, können Sie auf **zenzen** zurückgreifen: Haben Sie eine Ahnung, warum …? – **Zenzen.**

Nani

(*na-ni*; Was?)

Genau wie im Deutschen lässt sich dieses Fragewort auch im Japanischen verwenden, wenn Sie während eines Gesprächs etwas nicht gehört oder verstanden haben: Was? Und ebenfalls genau wie im Deutschen können Sie das Fragezeichen durch ein entrüstetes Ausrufezeichen ergänzen oder ersetzen, wenn Sie etwas hören, was Sie absolut nicht glauben wollen und missbilligen. Dann sollten Sie die Aussprache *nani* aber auch entsprechend anpassen: Was?!

Dōshiyō

(*doh-shi-yoh*; Was soll ich nur machen?)

Sie wissen nicht mehr ein noch aus, haben sich in eine Sackgasse manövriert und keine Ahnung, wie Sie aus dieser Situation wieder herauskommen, Sie sind mit Ihrem Latein – aber nicht mit Ihrem Japanisch – am Ende, dann wird es Zeit für **dōshiyō**. Wiederholen Sie es ein paar Mal hintereinander und Ihr Umfeld merkt, dass Sie wirklich in der Bredouille stecken.

Ā, bikkuri shita

(*ah, bik-ku-ri shta*; Hab ich mich erschrocken!)

Die Szene kennen Sie aus etlichen Filmen: Niemand ist zu sehen, es ist vollkommen still, eine Person geht vorsichtig weiter, der Zuschauer ahnt es, gleich wird, gleich muss etwas Schlimmes passieren – da springt ein Schatten hervor, ein Schrei, und eine Katze rennt weg. Nach kurzem Durchatmen können die Person im Film und die Zuschauer dasselbe rufen: **Ā, bikkuri shita.**

Yappari

(*yap-pa-ri*; Ich hab's gewusst! Oder: Hab ich's mir doch gleich gedacht!)

So viele Kriminalromane haben Sie gelesen, dass Sie bereits nach ein paar Seiten einen Verdacht haben, einen vagen zwar, aber immerhin. Sie wissen es nicht, Sie können es nicht begründen, doch Sie vermuten, ja, Sie spüren es, nur der kann es gewesen sein – er war's, Sie hatten recht. Schließen Sie das Buch mit einem selbstbewussten **yappari**, Sie haben es verdient!

Mehr Japanisch geht nicht: So klingen Sie wie ein Japaner

13

Enryo shinaide

(*en-ryo shi-nei-de*; Bitte nehmen Sie!)

Helfen Sie Ihren Gästen, ihre höflich-bescheidene Zurückhaltung aufzugeben und die angebotenen Speisen und Getränke anzunehmen. Das gilt natürlich auch für den Nachschlag und passt besonders, wenn Sie auf Ihr Angebot zunächst ein freundliches »Nein, danke« erhalten haben, denn das kann durchaus bedeuten: »Nein, danke, jedenfalls so lange, bis ich von Ihnen **enryo shinaide** höre.«

Mottai nai

(*mot-tei nei*; Das ist zu schade! Das wäre eine Verschwendung!)

Sie drücken damit aus, dass eine Sache nicht die gebührende Behandlung erfährt, die dem Wert entspricht, den Sie ihr beimessen.

O-saki ni

(*o-sa-ki ni*; Ich geh dann schon mal.)

Saki ni heißt eigentlich nur »vorher, früher«, aber mit dem Höflichkeitspräfix **o-** wird **saki ni** zu einem Abschiedsgruß: Wenn Sie Ihren Arbeitsplatz verlassen, um nach Hause zu gehen, erweisen Sie damit denjenigen Kolleginnen oder Kollegen Ihren Respekt, die noch weiterarbeiten müssen. Das heißt nicht, dass Sie früher als erlaubt gehen, sondern eben nur »vor den anderen«. In dieser Hinsicht können Sie **o-saki ni** in allen Situationen benutzen, in denen Sie »vor den anderen«

gehen, so zum Beispiel auch bei einem Treffen, im Restaurant oder wo auch immer.

Sasuga

(*sa-su-ga*; Beeindruckend, wie immer.)

Sie erinnern sich an **yappari** aus Kapitel 12? Wenn Sie dann im Bekanntenkreis erzählen, wie sich Ihr Verdacht bestätigt hat, und einer der Zuhörer kommentiert Ihren Bericht mit **sasuga**, können Sie das als eine besondere Wertschätzung Ihrer Fähigkeiten betrachten: Man hat Positives von Ihnen erwartet – und Sie haben diese Erwartungen erfüllt, wenn nicht gar übertroffen!

Gambatte

(*gam-bat-te*; Weiter so! Gib dein Bestes! Nicht nachlassen! Halte durch! Beiß die Zähne zusammen!)

Die Anstrengung, ein Ziel zu erreichen, kann manchmal mindestens ebenso gewürdigt werden wie der Erfolg. Mit **gambatte** muntern Sie auf und spornen gleichzeitig an, eventuelle Rückschläge wegzustecken, das Ziel nicht aus den Augen zu verlieren und ohne aufzugeben sich mit aller Willenskraft weiter einzusetzen. Sie lernen Japanisch? **Gambatte!**

Shōganai

(*shoh-ga-nei*; Da kann man nichts machen.)

Wenn Sie **shōganai** seufzen, haben Sie es akzeptiert und sich damit abgefunden, dass es keine andere Möglichkeit gibt, als die, die Ihnen nun übrig bleibt. Resignieren Sie aber nicht zu früh, loten Sie aus, prüfen Sie, erst wenn Ihnen wirklich nichts mehr einfällt, ist es Zeit für **shōganai.**

O-kage-sama de

(*o-ka-ge-sa-ma de*; Danke, gut.)

Anstatt einfach mit **genki desu** (*gen-ki de-su*; Mir geht es gut.) auf die Frage **o-genki desu ka** (*o-gen-ki de-su ka*; Wie geht es Ihnen?) zu antworten, hören Sie sich mit **o-kage-sama de** bescheiden an, weil Sie den Grund für Ihr Wohlbefinden nicht bei sich selbst sehen, sondern bei der freundlichen Behandlung, die Sie von Ihrer Umgebung erfahren.

Gokurō-sama

(*go-ku-roh-sa-ma*; Vielen Dank für die geleistete Arbeit.)

»Vielen Dank für die geleistete Arbeit.« ist der Gedanke, den dieser Abschiedsgruß des Chefs übermittelt, wenn die Mitarbeiterinnen und Mitarbeiter am Ende eines Arbeitstags nach Hause gehen. Ist man auf gleicher Hierarchiestufe, kann man sich auch untereinander mit **gokurō-sama** verabschieden, ein »Auf Wiedersehen«, das die gegenseitige Wertschätzung der geleisteten Arbeit als Nuance enthält.

Yoroshiku

(*yo-ro-shku*; Freut mich. / Vielen Dank im Voraus.)

Eigentlich heißt **yoroshiku** »auf angemessene Weise« und kommt mit dieser Bedeutung in unterschiedlichen Situationen vor: Übersetzt mit »Freut mich, Sie kennenzulernen«, ist in Gedanken »und behandeln Sie mich bitte angemessen beziehungsweise wohlgesonnen« hinzugefügt.

Ähnlich funktioniert **yoroshiku** bei der Bitte um einen Gefallen, indem Sie »Ich weiß Ihre Hilfe zu schätzen und bitte Sie darum, Ihre Hilfe angemessen auszuführen.« sagen, was dann im Deutschen am besten mit »Vielen Dank im Voraus.« wiedergegeben werden kann.

Taihen desu ne

(*tei-hen de-su ne*; Das ist hart.)

Ihr Gesprächspartner berichtet Ihnen von Problemen, Schwierigkeiten oder irgendwelchen anderen belastenden Situationen, in denen er sich gerade befindet. Sie fühlen mit ihm mit. Sie trösten ihn. Sie sagen: **Taihen desu ne.**

Stichwortverzeichnis

A

Adjektiv
  Demonstrativadjektiv kono 128
  i-Adjektiv 55, 57, 58
  Komparativ 130
  na-Adjektiv 55, 57
  na-Adjektiv mögen 123
  Superlativ 132, 192
Anrede 90, 92
  korrekte 172
Anredesuffix 91
Aussagesatz 98

B

Betonung 17
Bitte, besonders höfliche
  o + Stammform + kudasai 237
Bitte, höfliche *siehe* Verb, te-Form
  + kudasaimasen ka 227

D

Datumsangabe
  Jahr, westliche Zeitrechnung 74
  Monatsname 70
  Tag 72
Demonstrativpronomen 39

E

Entschuldigung 97

F

Fettnäpfchen
  Guten Appetit – Itadakimasu 125
  kekkō desu 226
  sayōnara 95
  Zählwort -tsu 69
Fragepartikel 98
  ka 100
Fragewort 135
  dōyatte (Wie, auf welche Weise?) 210
  dochira (welcher [von beiden]?) 131, 218
  dochira-sama (Wer?) 175
  doko (Wo?) 203
  dono (Welcher [+ Nomen]?) 129, 191
  dore (Welcher?) 129, 191
  nani (Was?) 134
  Tabelle 134

G

Gesprächssituation 50
Glückszahlen 62
Grußformel 93
Gruppenzugehörigkeit
  uchi – soto 220

H

Höflichkeitspräfix
  go- 183
  o- 88, 183
Hilfe anbieten *siehe* Verb, Stammform + mashō ka 164, 231
Hoch-Tief-Akzent 24, 25

I

Intonation 23
Itai
  siehe Schmerzen 241

K

kanji
  tsuku 224
  unten 200
kanji: kirei 59
Konsonant 17, 20, 21
Kurz- oder Langvokal 18
Kurzvokal 17, 18

L

Längungsstrich 18
Langvokal 18
Lehnwort 27
  deutsches 27

M

Modalausdruck
  -kute wa ikenai (müssen) 171
  -tai (etwas tun wollen) 176
  te mo ii (dürfen) 138
Modalverb 44

N

-n-desu 117, 240
-n-desu ka 210
Notrufnummer
  110-ban 232
  119-ban 232, 239

O

Ordinalzahlen
  -me (Suffix) 207
Ortsbestimmung 205

P

Partikel 33, 34, 37
  de wa (Abgrenzung) 134
  ga (Objekt im Deutschen) 103, 124
  ga (Objekt, Potentialis) 159
  ga (Subjekt) 34
  ka (Frage) 97, 169
  kara (ab, von [temporal]) 81
  kara (von, [temporal]) 219
  kara, o (Richtung) 187
  made (bis, [temporal]) 81, 219
  ni (am, in, um [temporal]) 75
  ni (Richtung) 186
  ni (Richtungsangabe) 214
  ni (um [temporal]) 81
  no (possessiv) 221
  o (direktes Objekt) 34
  o (Fortbewegung) 213
  Tabelle 34
  to (dass, direkte/indirekte Rede) 182
  to (und) 76, 118, 131, 192
  wa (Frage) 135
  wa (Thema) 37, 169, 203
  yori (Vergleich) 130, 221
Personalpronomen 40
  anata 42, 92
  watashi 41
Pitch-Akzent *siehe* Hoch-Tief-Akzent 24
Prädikat 55
Präpositionen (örtlich) 204
Pronomen 38, 39
  Demonstrativpronomen koko (Ortsangabe) 204
  Demonstrativpronomen kore 128
  Possessivpronomen no *siehe* Partikel, no (possessiv) 221

R

Rhythmus 23, 24

S

Satzmelodie 23
Schmerzen
　Itai 241
Small Talk 97, 99
Sprachebene
　höflich-neutral 58
　informell-einfach 58
Sprachstil
　formell 31, 33
　höflich-neutral 32, 33, 50
　　etwas tun müssen 172
　　desu 54
　　Familienbezeichnung 101
　　na-Adjektiv 124
　　Potentialis 159
　informell-einfach 32, 33, 49
　　desu 55
　　Familienbezeichnung 101
　　na-Adjektiv 124
Stilebene 56
　höflich-neutrale 43
　informell-einfache 43
Suffix 50

T

Themamarkierung 37, 39

U

Uhrzeit 116
　-fun (Minute) 208
　-ji (Stunde) 209
Unglückszahlen 62

V

Verb 43
　Potentialis -eru 158, 211
　Potentialis -rareru 158
　ru-Verb 109, 110
　Stammform 44, 46, 213
　Stammform + masen ka (Vorschlag) 163
　Stammform + mashō (Vorschlag) 163
　Stammform + mashō ka (Hilfe anbieten) 164, 231
　te-Form 44, 46, 213
　te-Form (dürfen) 138
　te-Form (Satzverbindung) 76
　te-Form + iru 105
　te-Form + iru (Zustandsbezeichnung) 235
　te-Form + kudasai 128
　te-Form + kudasaimasen ka (höfliche Bitte) 227
　u-Verb 110
　unregelmäßiges
　　aru 103, 127, 169, 232
　　kuru (Potentialis) 159
　　suru 114, 147, 217
　　suru (Potentialis) 159
　Verneinungsform 44–46, 213
　Wörterbuchform 44, 46, 48, 213
Vergangenheitsform 50
　höflich-neutrale 232
Verneinung 49
Vokal 17
　geflüstert 50
　stummer 19
Vorschlag *siehe* Verb, Stammform
　+ masen ka 163
　+ mashō 163

W

Wort
  deutsches Lehnwort gipusu (Gips) 244
  deutsches Lehnwort ryukkusakku (Rucksack) 244
Wortmelodie 24

Z

Zählwort 61, 66, 67, 70
  -bansen (Gleis) 198
  -dai (Geräte, Maschinen) 67
  -gō (Kleidergröße) 140
  -gōshitsu (Zimmernummer) 223
  -haku (Übernachtungen) 219
  -hiki (kleine Tiere) 68
  -hon (zylinderförmige Gegenstände) 68, 207
  -kagetsu (Monate) 71
  -mai (flache Gegenstände) 151, 197, 208
  -nen/-nenkan (Jahr) 75
  -nin (Personen) 116, 218
  -tsu (allgemein) 118, 207
  allgemein -tsu 209
  für flache Gegenstände 209
  für zylinderförmige Gegenstände 209
  Tabelle 68
Zeitangabe
  relative 82